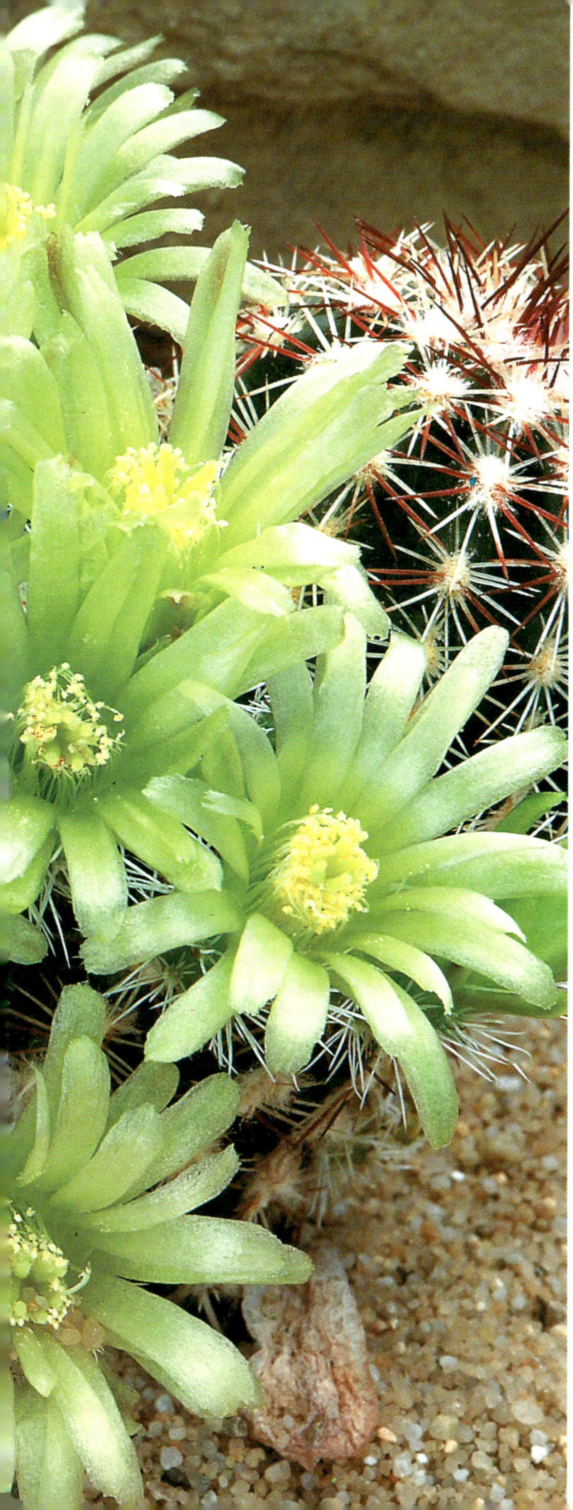

Franz Becherer

Kakteen

so blühen sie am schönsten

Anleitung zur richtigen Pflege und Porträts der interessantesten Arten

Farbfotos: Franz Becherer und Josef Busek
Zeichnungen: Marlene Gemke

GU GRÄFE UND UNZER

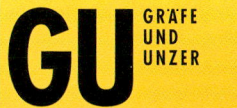

Inhaltsübersicht

**Faszination Kaktus
Ein Wort zuvor**

Kakteen üben eine ganz eigene Anziehungskraft aus: nicht nur durch ihre strahlenden Blüten, sondern auch die Vielfalt ihrer Dornen und die äußerst abwechslungsreiche Erscheinungsform. Manche Kakteen bilden winzige Köpfchen, andere riesige Säulen, viele lassen sich auf engstem Raum kultivieren, kommen mit einem Minimum an Pflege aus, sind leicht zu vermehren und können zudem sehr alt werden – deshalb sind sie so beliebt.

Dieser GU-Ratgeber stellt die schönsten im Handel erhältlichen Kakteen vor. Er vermittelt die Vielfalt ihrer Farben und Formen in prächtigen Farbfotos. Kakteen-Experte Franz Becherer informiert Sie kompetent und praxisnah über die richtige Auswahl der geeigneten Arten. Er gibt auch pfiffige Anregungen für die wirkungsvolle Kombination von Kakteen in Schalen und auf der Fensterbank. Neben Anleitungen zur Pflege gibt er noch Tips, wie Sie Kakteen selbst vermehren können. Übersichtliche Zeichnungen verdeutlichen die einzelnen Arbeitsschritte. Der umfangreiche Porträtteil beschreibt alle wichtigen Arten mit ihren Pflegeansprüchen.

Viel Freude bei der Gestaltung Ihrer kleinen Kakteenlandschaft wünschen Ihnen der Autor und die GU Naturbuch-Redaktion.

5 Die Wüste zu Hause
Kakteen am Fenster

6 Was sind Kakteen?
6 Heimat
6 Geschichte
7 Artenschutz
8 Wunder Kaktus
9 Vielfalt der Formen
10 PRAXIS Botanik
12 Der richtige Standort
12 Kakteen in Ampeln
12 Kakteen als Kübelpflanzen
14 Wo kaufen Sie Kakteen?
14 Die Gesundheit und die Herkunft der Kakteen
14 Das Alter der Kakteen
14 Der Heimtransport

17 Die richtige Pflege
Gießen, düngen und vermehren

18 Pflege der neuen Kakteen
18 Pflege rund ums Jahr
18 Sonderfall Epiphyten
18 Winterruhe
20 Richtig gießen
20 Wann gießen?
20 Wie gießen?
20 Nebeln und Sprühen
20 Kakteen düngen
21 Düngezeitpunkt
22 Kakteenerde
22 Kakteen in Hydrokultur
22 Kunstlicht
22 Kakteenpflege im Urlaub
24 PRAXIS Kakteen umtopfen
26 Kakteen in Schalen
26 Kakteenbeete
28 PRAXIS Säen und Pikieren
30 PRAXIS Vegetative Vermehrung
32 Pflegefehler, Krankheiten, Schädlinge

Überraschend elegant – Kakteen in Schalen.

Auffallende Bedornung.

Interessante Farbkontraste.

35 Kakteen im Porträt
Die schönsten Gattungen und Arten

- 38 Astrophytum
- 38 Cephalocereus
- 39 Cleistocactus
- 40 Copiapoa
- 40 Coryphantha
- 41 Echinocactus
- 42 Echinocereus
- 43 Echinofossulocactus
- 44 Echinopsis (Chamaecereus, Lobivia, Trichocereus, Pseudolobivia)
- 46 Epiphyllum
- 46 Eriosyce (Neochilenia, Neoporteria)
- 47 Espostoa
- 48 Ferocactus
- 48 Gymnocalycium
- 49 Hatiora (Rhipsalidopsis)
- 50 Mammillaria
- 51 Melocactus
- 51 Neolloydia
- 52 Opuntia
- 52 Parodia (Brasilicactus, Eriocactus, Notocactus)
- 54 Rebutia (Aylostera, Mediolobivia, Sulcorebutia, Weingartia)
- 56 Schlumbergera
- 56 Selenicereus
- 57 Thelocactus
- 57 Uebelmannia

58 Register

62 Literatur, Zeitschriften

62 Adressen

63 Warnung und Hinweis

63 Impressum

Der Autor
Franz Becherer sammelt und züchtet seit 35 Jahren Kakteen. Er besitzt ein großes Gewächshaus mit Auspflanzbeet und rund 10 000 Kakteen (→ Foto, Umschlagseite 3). Seit über 30 Jahren ist er Mitglied bei der Deutschen Kakteengesellschaft (DKG), sowie Gründungs- und langjähriges Vorstandsmitglied der Ortsgruppe Oberland in der DKG.

Die Fotografen
Franz Becherer – hier auch der Autor – und Josef Busek sind bekannte Pflanzenfotografen.

Die Zeichnerin
Marlene Gemke studierte an der Fachhochschule Wiesbaden Graphik-Design und machte sich als wissenschaftliche Graphikerin selbständig. Die Pflanzenliebhaberin illustrierte bereits mehrere erfolgreiche Titel des GU Naturbuch-Verlags.

Wichtig: Damit Ihre Freude an den Kakteen nicht getrübt wird, beachten Sie bitte »Warnung und Hinweis« auf Seite 63.

Kakteen am Fenster

Die Wüste zu Hause

Kakteen kommen mit wenig Platz aus, und sie sind oft sehr pflegeleicht. Ihre leuchtenden Blüten erscheinen meist überraschend. Damit sie aber ihre ganze Pracht entfalten können, muß der Standort sorgfältig ausgewählt und auch bereits beim Kauf einiges beachtet werden.

Foto oben: Leuchtende Blütenfarben.
Foto links: Viel Sonne und Wärme bringen die Kakteen am Fensterbrett zur üppigen Blüte.

Die Wüste zu Hause

Was sind Kakteen?

Kakteen zählen zu den sonderbarsten und eigenwilligsten Geschöpfen der Pflanzenwelt. Sie können selbst noch in trockenen und heißen Wüsten- und Felsregionen überleben. Hierfür haben sie sich gut angepaßt:
• Sie speichern in ihrem verdickten Stamm und zum Teil auch in den Wurzeln (→ PRAXIS Botanik, Seite 10) bis zu 95 Prozent Wasser. Pflanzen mit solch dicken, fleischigsaftigen Organen nennt man auch Sukkulenten.
• Die Blätter, die über ihre Oberfläche viel Wasser abgeben würden, wurden meist in Dornen (→ PRAXIS Botanik, Seite 11) umgewandelt.
• Die gesamte Oberfläche der Pflanze und damit auch deren Verdunstungsfläche wird durch die Kugel- oder Säulenform möglichst klein gehalten.
• Die lebenswichtige Photosynthese wurde von den Blättern in die grüne Oberhaut (Epidermis) des Stamms verlagert. Ein derbes Häutchen (Cuticula) schließt diese nach außen hin ab. Oft besitzt es einen Wachsüberzug als zusätzlichen Schutz vor Verdunstung.
• Rippen, Warzen, Lamellen, Dornen, Haare und Beflokkung mindern durch ihren Schatten starke Sonneneinstrahlung und Wasserverdunstung.

Die extremen Lebensbedingungen an den unterschiedlichsten Standorten haben eine Vielfalt an Kakteenformen hervorgebracht, von nur pfenniggroßen bis hin zu übermannshohen Pflanzen. Ihr Bauplan ist jedoch im Grunde genommen gleich (PRAXIS Botanik, → Seite 10). Die Familie der *Cactaceae* wird zur Zeit in knapp 200 Gattungen (sogenannte CITES *Cactaceae*-Checklist) aufgegliedert, die wiederum in etwa 12 000 Arten beschrieben wurden, von denen aber schätzungsweise nur maximal 3000 ihre botanische Berechtigung haben.

Heimat

Auch wenn die Kakteen mit ihren bekanntesten Vertretern, den Opuntien (Feigenkakteen), heute wildwachsend im südlichen Europa, in Afrika und Australien zu finden sind, ihre Heimat ist Amerika. Vor etwa 60 Millionen Jahren wurde dort ihre Entwicklung eingeleitet. Sie haben sich perfekt den klimatischen Bedingungen dieses Kontinents angeglichen und besiedeln dort heute ein Gebiet von etwa 12 000 km Länge, vom kanadischen Peace River im Norden bis nach Patagonien, der Südspitze Südamerikas. An den Küsten der Meere bis hinauf zu den Felswüsten der Anden in fast 5 000 m Höhe sind sie ebenso zuhause wie in den glühendheißen Binnenland-Wüsten in den USA, in Mexiko, Peru und Chile.

Geschichte

Kolumbus war sicher nicht nur der Entdecker Amerikas: Eine seiner ersten amerikanischen Bekanntschaften dürfte unzweifelhaft ein Kaktus gewesen sein, gewiß ein »Melonenkaktus« (*Melocactus*). Bereits 1535 wurde in spanischen Berichten ein solcher beschrieben, und 1570 zeigte ein englischer Apotheker einen *Melocactus* als besondere botanische Rarität vor. Um 1700 waren schon Melonen-, Säulen-, Laub- und Feigenkakteen bekannt, und 1753 beschrieb der schwedische Naturforscher Carl von Linné bereits 22 *Cactus*-Arten. Zur Zeit des Biedermeier kam es in Europa erstmals zu einer Kakteen-Begeisterung: Fürst zu Salm-Reifferschmid-Dyck (1773-1861) begründete mit seiner Sukkulentensammlung – der größten Europas – die deutsche Kakteenforschung. Nach einer Zeit der Vergessenheit brachte die Gründung der Deutschen Kakteengesellschaft 1892 wieder einen Aufschwung für die eigenwillige Pflanzengruppe. Folgende damals entstandene Nachschlagewerke sind in ihrer Vollständigkeit bis heute

Was sind Kakteen?

Opuntia bigelowii am Naturstandort im Joshua Tree Nationalpark.

unübertroffen und in guten Bibliotheken auszuleihen: Professor K. Schuhmanns »Gesamtbeschreibung der Kakteen«, Curt Backebergs »Cactaceae« und sein »Kakteenlexikon«, sowie »The Cactaceae« von den amerikanischen Botanikern Dr. Britton und Rose. Heute werden vorwiegend Beschreibungen einzelner Gattungen veröffentlicht.

Artenschutz

Der Kakteenrausch führte nach dem 1. Weltkrieg zu einem nie dagewesenen Raubbau in den Heimatgebieten der Pflanzen. Gewissenlose »Kakteenjäger« brachten ihre Beute massenweise nach Europa, wo sie mangels geeigneter Pflege meist sofort wieder eingingen. Das »Washingtoner Artenschutzabkommen« soll in Zukunft den illegalen Kakteen-Handel unterbinden. Über 120 Staaten haben das Abkommen bisher unterzeichnet. In Deutschland ist es seit 1976 in Kraft, seit 1982 gibt es auch eine entsprechende EU-Verordnung. Auf die illegale Einfuhr von Kakteen stehen hohe Strafen, und die Pflanzen werden beschlagnahmt. Einen kleinen Beitrag zum Schutz der Kakteen in den Ursprungsländern kann jeder leisten, indem er keine von dort importierten Pflanzen erwirbt. Dieser Verzicht fällt umso leichter, als clevere Gärtner viele Arten in Teneriffa, Gran Canaria und Marokko unter ähnlichen Bedingungen wie am Naturstandort vermehren und großziehen. Diese »Kulturimporte« besitzen ein makelloses Aussehen, sind relativ preiswert und gewöhnen sich viel leichter an unsere Kulturbedingungen. Seltene, nicht im Handel zu findende Arten werden von Hobbyzüchtern liebevoll vermehrt und können von diesen bezogen werden. Viele Arten sind jedoch aus Samen leicht zu ziehen. Die Voraussetzungen für eine erfolgreiche Kultur sind in diesem Buch aufgezeigt. Denken Sie immer daran, daß Sie mit der Pflege dieser existenzbedrohten Geschöpfe auch ein bißchen Verantwortung für deren Erhalt übernehmen.

Die Wüste zu Hause

Wunder Kaktus

Weite Landesteile von Amerika werden geprägt von den dominierenden Formen der großwüchsigen Kakteen-Arten. So ist das Wahrzeichen des Saguaro-Nationalparks in den USA die riesige Kandelabersäule des Saguarokaktus (*Carnegiea gigantea*, → Seite 3 links und 37), die auch durch Wildwest-Filme Berühmtheit erlangt hat. Im Laufe von 200 Jahren kann dieser dornige Gigant bis zu 7 Tonnen schwer werden.
Typisch für einige Gebiete des klassischen Kakteenlandes Mexiko sind die nestartig verzweigten Riesenbäume der Säulenkakteen (*Cereus*-Arten). Das mexikanische Senilis-Tal wiederum erhielt sogar seinen Namen von den dort üppig wachsenden, weißen und dicht behaarten, bis über 10 m hohen Säulen des Greisenhauptes (*Cephalocereus senilis*, → Seite 39). In einigen Sand- und Steinwüsten bilden die Opuntien regelrechte Wälder (*Opuntia*, → Seite 52). Ihre roten, saftigen Früchte sind geschält eine Delikatesse. In Opuntien-Plantagen züchtet man sogar die Cochenille-Laus, aus der ein roter Farbstoff für Lippenstifte und Kardinalsgewänder gewonnen wird. Und die Königin der Nacht (*Selenicereus grandiflorus*, → Seite 56) wird auch zur Arzneimittelherstellung kultiviert, sie enthält herzwirksame Stoffe.

Echinopsis (früher Setiechinopsis) mirabilis.

Wunder Kaktus

Vielfalt der Formen

Groß ist bei den Kakteen die Variabilität der Blütenformen und -farben. Nur Blautöne fehlen in der Farbpalette, es gibt dafür alle Zwischenstufen von Weiß, Gelbgrün, Gelb, Orange, Rosa, Rot und Violett. Der Kakteenkörper kann sehr unterschiedlich wachsen und auch die Bedornung recht vielfältig ausfallen: gerade, gebogen, zungen-, haken- oder federförmig. Dazu sind Körper und Dornen oft sehr unterschiedlich gefärbt und wirken auch außerhalb der Blütezeit attraktiv.

Pelecyphora aselliformis, der Asselkaktus.

Ariocarpus scapharostrus.

Aztekium ritteri.

Epithelanta micromeris.

Die Wüste zu Hause

Praxis: Botanik

Kakteen aus den unterschiedlichsten Regionen verfügen bei aller Formenvielfalt doch über gemeinsame Merkmale:

Die Wurzeln
Zeichnung 1

Die Wurzeln sind den Standortbedingungen optimal angepaßt: Kakteen, die im Sand von Stränden oder Wüsten wachsen, entwickeln ein weit ausgreifendes Flachwurzelsystem (→ linke Zeichnung), um ein kurzzeitiges Wasserangebot sofort ausgiebig nutzen zu können. So treibt etwa der Riesenkaktus (*Carnegiea gigantea*) knapp unter der Erdoberfläche bis zu 20 m lange Wurzeln. Flache, fast bodeneben wachsende sowie in Felswüsten beheimatete Kakteen entwickeln Rübenwurzeln (→ rechte Zeichnung), die wie die Körper Wasser speichern können. Die Epiphyten (Aufsitzer, die im Geäst von Baumkronen wachsen) unter den Kakteen wiederum besitzen ein herzförmiges Wurzelsystem. Kletternde Arten bilden sogar Luftwurzeln aus.

Der Kaktuskörper
Zeichnungen 2 und 3

Er hat sich zu einem perfekten Wasserspeicher ausgebildet: Um die Oberfläche möglichst klein zu halten, ist die Kugelform ideal. Um aber quellen, schrumpfen und Schatten spenden zu können, wurden die Rippen und Warzen gebildet.
Der Körperaufbau besteht aus dem tragenden Gerüst, dem hartfaserigen zentralen Leitbündel. Im Querschnitt erscheint es ringförmig. Seine Hauptaufgabe ist der Transport von Wasser und Nährstoffen von der Wurzel zum Gewebe, in die Triebspitze, zur Blüte und zum Sproß. Umgeben ist es von wasserspeicherndem, weichfleischigen Gewebe.

<u>Areolen.</u> Dies sind zumeist vorstehenden, wolligen Dornenpolstern reduzierte Seitenzweige, die an Kanten, Höckern oder Warzen sitzen. Bei den meisten Kakteen entspringen aus den Areolen Blüten und Sprosse (→ Zeichnung 3).

<u>Axillen.</u> Vor allem bei Mammillarien ist die Areole geteilt in eine Dornenareole an der Warzenspitze und eine in der Vertiefung lie-

2 Querschnitt durch eine Mammillaria mit Zentralem Leitbündel (1), Seitensproßleitbündel (2), Areole (3), Blüte (4), Axille (5) und Sproß (6).

1 Die Wurzeln der Kakteen können flach ausgebreitet oder rübenförmig wachsen.

Praxis: Botanik

3 <u>Querschnitt</u> durch einen Kaktus ohne Axillen.

gende Axille (→ Zeichnung 2). Hier entspringen die Blüten und Sprosse.
Sprosse bilden sich meist im unteren Drittel der Pflanze, gelegentlich aber auch im mittleren Bereich oder an der Spitze.
Die Blühzonen sind unterschiedlich. Bei Säulenformen erscheinen die Blüten (→ Zeichnung, Seite 29) an den oberen, jüngeren Triebteilen, bei Kugelformen an allen Triebteilen. Manche Kakteen bilden ab einem gewissen Alter im Kopfbereich ein »Cephalium«, eine kompakte Ansammlung von Borsten, Haaren oder Wolle. Erst im Cephalium können sich dann Blüten entwickeln.

Die Dornen
Zeichnung 4

Dornen werden im Gegensatz zu Stacheln (wie bei der Rose) nicht aus dem Rindengewebe sondern aus dem Kerngewebe der Pflanze als Fortsetzung des Seitensproßleitbündels gebildet. Es gibt sie in vielen Erscheinungsformen, auch Haare oder Borsten aus Areolen oder Axilllen zählen dazu. Die Dornen sind zurückgebildete Blätter, die im Gegensatz zu diesen kein Wassser verdunsten und so mit dazu beitragen, daß Kakteen auch an sehr trockenen Standorten überleben können. Sie mindern starke Sonneneinstrahlung, schützen vor Nachtkälte und weitgehend vor Tierfraß. Bei einigen Arten nehmen sie Feuchtigkeit (Tau, Nebel) aus der Luft auf. Einige Arten haben Dornen mit Haken und Widerhaken, die auch zur Vermehrung dienen können, weil sie zusammen mit dem Sproß an Tieren hängenbleiben. Die Dornen sitzen in den Areolen an den Warzenenden, Höckeroberseiten und Rippenkanten.
Das Dornenbild einer Areole (→ Zeichnung 4) ist charakteristisch für jeden Kaktus. Es kann nur aus wenigen unscheinbaren Dornen bestehen, aus Dornenbüscheln zu mehr als 60, oder auch äußerst bizarre Formen annehmen. Man unterscheidet die mehr zum Körper hin gerichteten und ihn oft umhüllenden Randdornen und die meist kräftigeren, abstehenden Mitteldornen. Die Dornen können kurz oder bis zu 20 cm lang, rund, kantig oder flach, gerade, gebogen, mit Haken und Widerhaken versehen sein, auch von Grau bis zur strahlendsten Farbenpracht reichen. Besonders frisch ausgetrieben sind sie intensiv bunt gefärbt, dabei noch weich und nicht sehr fest mit der Areole verbunden. Erst beim Auswachsen werden sie hart, sitzen fest am Körper und vergrauen. Anzahl und Größe der Dornen können auch innerhalb einer Art sehr variabel sein, sodaß eine Artbestimmung damit nicht immer exakt vorgenommen werden kann.

4 <u>Das Dornenbild</u> einer Areole kann sehr unterschiedlich gestaltet sein.

Die Wüste zu Hause

Der richtige Standort

Kakteen wachsen in ihrer Heimat in voller Sonne. In unseren gemäßigten Breiten ist die Lichtintensität geringer, deshalb sollten Kakteen in der Wohnung an Plätzen stehen, wo sie so viel Licht wie möglich erhalten. Ideal sind Südfenster, an Ost- und Westfenstern gedeihen noch etwas weniger lichtbedürftige Arten, an Nordfenstern nur Epiphyten wie die Weihnachtskakteen (*Schlumbergera*-Hybriden). Optimal ist ein spezielles Blumenfenster, in dem die Pflanzen auch von oben und der Seite Licht erhalten. Nicht alle Kakteen lassen sich jedoch am Fenster erfolgreich ziehen, es gibt sehr anspruchsvolle Arten, die unbedingt ins Gewächshaus gehören. Jedoch sind die in unserer gemäßigten Klimazone nachgezogenen und angebotenen Kakteen in der Regel für die Kultur am Fenster geeignet.

Viele Kakteen sind im Sommer dankbar für ein regengeschütztes Plätzchen im Freien, auf der Terrasse oder dem Balkon.

Kakteen in Ampeln

Hervorragend geeignet für dicht am Fenster aufgehängte Ampeln sind Epiphyten wie die Weihnachtskakteen (*Schlumbergera*-Hybriden), die Korallenkakteen (*Rhipsalis*) mit langen, hängenden Trieben, einige Blattkakteen (*Epiphyllum*), die *Disocactus*-Arten und die riesenblütige *Marniera chrysocardium*, die alle einen warmen und leicht feuchten Winterstandort bevorzugen und sich mit den Lichtverhältnissen eines West- oder Ostfensters, zur Not sogar mit einem Nordfenster zufrieden geben. Von den nicht zu den Epiphyten zählenden Arten ist der Schlangenkaktus (*Aporocactus*) gut für Ampeln geeignet, ansonsten noch *Cleistocactus winteri* (früher *Hildewintera aureispina*). Beide benötigen aber ein sonniges Fenster.

Kakteen als Kübelpflanzen

Großwüchsige Vertreter von *Cereus*, *Echinopsis* einschließlich der früheren *Trichocereus*-Arten, *Ferocactus*, *Opuntia*, *Echinocactus* und der Blattkakteen (*Epiphyllum*-Hybriden) sind attraktive Kübelpflanzen. Ideal ist ein Platz vor Fenstern, die bis zum Fußboden reichen, oder im Wintergarten. Stellen Sie die Kübel jedoch so auf, daß spielende Kinder und Haustiere nicht eine unangenehme Bekanntschaft mit den Dornen machen können.

Die Kübel können Sie nach den letzten Frösten im Frühjahr möglichst regengeschützt ins Freie stellen. Werden die Kakteen doch vom Regen erreicht, sollten Sie bei kaltem und nassem Wetter für ein provisorisches Schutzdach sorgen. Die Pflanzen müssen sich langsam an die Sonne gewöhnen. Stellen Sie sie zuerst etwas schattiger auf und rücken Sie sie nach 2-4 Wochen an ihr sonniges Plätzchen oder schattieren Sie sie etwas mit Papier. Sie erkennen an der Rotfärbung der Oberhaut, daß die Pflanze noch »sonnenscheu« ist. Verwenden Sie für Kübel ein wasserdurchlässiges, gröberes Substrat, am besten eine Mischung mit Bimskies oder Lavalit, und sorgen Sie für eine mehrere Zentimeter dicke Drainage auf dem Kübelboden, um stehende Nässe zu verhindern. Langzeitdünger können Sie vorsichtig dosiert in die obere Schicht des Substrats einarbeiten. Den Kübel aber nicht in Untersetzer stellen, damit der Ablauf von überschüssigem Wasser gewährleistet ist. Wegen des großen Substratvolumens gießen Sie etwas vorsichtiger und warten immer ab, bis die Erde im Kübel wieder ziemlich trocken ist.

Überwintern Sie in Kübel gepflanzte Kakteen an einem hellen, kühlen und trockenen Standort. Bei Überwinterung in dunklen Räumen unbedingt das Substrat vorher vollkommen abtrocknen lassen.

Der richtige Standort

Kakteen mit hängenden, schlanken Trieben entfalten in schön geformten Ampelgefäßen eine umwerfende Wirkung. Sie lassen sich sehr gut mit Kakteen auf dem Fensterbrett kombinieren und helfen, den Platz optimal zu nutzen.

Die Wüste zu Hause

Wo kaufen Sie Kakteen?

Sie können Kakteen in speziellen Gärtnereien, Blumengeschäften, Kaufhäusern und Baumärkten erhalten. Der Fachhändler wird Sie gerne beraten, ob Sie für bestimmte Arten auch die Kulturvoraussetzungen erfüllen können. Darbten die Pflanzen aber schon länger in zu dunklen Ladenecken, ist ein Kauf nicht empfehlenswert: Sie sind durch Lichtmangel »vergeilt«, zeigen also hellgrüne, spitz zulaufende Triebspitzen. Solche Pflanzen sind geschwächt. Bei guter Weiterkultur werden sie wieder breiter werden, die unschönen Einschnürungen aber immer sichtbar bleiben.

Die Gesundheit der Kakteen

Kakteen werden das ganze Jahr über angeboten, je nach Jahreszeit sehen sie sehr unterschiedlich aus:
• Im Spätherbst und Winter haben sie ihre Ruhezeit und sind farblos, stumpf, je nach Art mehr oder weniger faltig und geschrumpft. Dies ist ganz normal. Die Oberhaut sollte nicht wässrig dunkelgrün verfärbt sein oder weiche bräunliche Flecken zeigen, der Körper sich beim Drücken fest anfühlen. Zwischen den Rippen oder im Scheitel dürfen weder weißliche Wollflöckchen, die den Befall mit Schmierläusen (→ Seite 33) anzeigen, noch schwarzer Pilzbefall zu sehen sein. Wurde der Kaktus falsch gepflegt, sieht er seltsam prall gefüllt aus, mit glänzender Oberhaut oder gar hellgrünem Austrieb. Verzichten Sie hier lieber auf einen Kauf.
• Während der warmen Jahreszeit haben sich die Kakteen-Körper wieder gefüllt, zeigen Knospen oder blühen schon. Die Oberhaut ist straff und je nach Art kräftig grün gefärbt. Die Triebspitze zeigt einen frischen Neutrieb mit meist hellen bunten Dornen. Sind in diesem Bereich oder darunter grau bis gelblich-braune, trockene Verfärbungen zu sehen – nicht zu verwechseln mit der Korkbildung am Fuße! – ist Vorsicht geboten: Dies weist auf Befall mit der schwer zu bekämpfenden Spinnmilbe (→ Seite 23) hin.
Mein Tip: Ein blühender Kaktus muß nicht automatisch gesund sein. Er blüht oft noch trotz Wurzelverlust oder Fäulnis ein letztes Mal. Betrachten Sie also auch solche Kakteen kritisch!

Die Herkunft der Kakteen

Fast alle heute angebotenen Kakteen wurden in europäischen Fachbetrieben herangezogen. Importkakteen – also Pflanzen, die am Naturstandort ausgegraben und eingeführt worden sind – befinden sich aufgrund der strengen Handhabung des Artenschutzabkommens nicht mehr auf dem Markt. Sollten Ihnen trotzdem einmal Pflanzen angeboten werden, die wie wild gewachsen aussehen, überprüfen Sie vor dem Kauf unbedingt deren Herkunft!

Das Alter der Kakteen

Es gibt Kakteen, die mehrere hundert Jahre alt werden und andere, deren Lebenserwartung unter 10 Jahren liegt. Dazu kann eine zehnjährige *Carnegiea* nur 10 cm messen, während ein Säulenkaktus (*Cereus*) dann bereits eine Höhe von 2-3 m erreicht. Alte Pflanzen sind oft teuer, es bleibt Ihrem Geschmack und Gelbeutel überlassen, welche Größe Sie wählen.

Der Heimtransport

Eine gute Verpackung schützt Kaktus und Besitzer. Das Verpacken ist einfach: Wie ein kleiner Blumenstrauß wird der Kaktus in dickes Papier eingewickelt, dieses unter dem Topf umgeschlagen. Oben kann es offen gelassen oder zugedrückt werden. Packen Sie den Kaktus möglichst immer am Topf!

Wo kaufen Sie Kakteen?

Viele Kakteen blühen bereits im zarten Alter von zwei bis fünf Jahren.

Wenn Sie mehrere Kakteen gleichzeitig kaufen, fragen Sie nach Paletten aus Styropor, in deren Löcher Sie die Töpfe stecken können. Für einen längeren Transport legt man mit zusammengedrehtem Zeitungspapier zwischen Wurzelhals und Topfrand eine Manschette und umwickelt den Pflanzenkörper dick mit weichem Papier, Schaumgummi oder Watte. Fest in Zeitungspapier eingewickelt, kann der Kaktus dann auch eine strapaziöse Reise unbeschadet überstehen.

Wichtig: Kakteen sind kälteempfindlich! Im Winter warm verpackt und nur kurz im Freien transportieren, im Auto in den geheizten Innenraum stellen! Auch Winterharte vorsichtshalber so befördern.

Besuch auf der Blüte.

Gießen, düngen und vermehren

Die richtige Pflege

Ein Leben auf dem Fensterbrett ist für Kakteen in unseren Breiten nicht immer einfach. Wenn Sie sie aber richtig pflegen, werden die Pflanzen Sie immer wieder mit prächtigen Blüten überraschen. Auf den folgenden Seiten erfahren Sie alles, was Sie fürs Blühen und Gedeihen wissen müssen.

Foto oben: Blüten und Dornen in farbigem Wettstreit.
Foto links: Alles, was für die Pflege der Kakteen gebraucht wird.

Die richtige Pflege

Pflege der neuen Kakteen

Beachten Sie zur Pflege Ihres neuen Kaktus folgendes:
• Stellen Sie ihn nicht gleich direkt hinter dem Fensterglas in die pralle Sonne. Diese vertragen Kakteen nur, wenn sie daran gewöhnt sind. Schattieren Sie in der ersten Zeit mit Papier, sonst könnte der Kaktus Brandschäden davontragen. Diese machen sich als weiche, fahlgrüne Flecke bemerkbar. Später werden sie braun und verhärten – sofern der Kaktus den Schaden überlebt.
• Zeigen sich Symptome von Krankheit oder Schädlingsbefall, sollten sie den Neukauf von anderen Pflanzen isolieren und den Schaden entsprechend behandeln (→ Seite 32/33).
• Kam der Kaktus während der Winterruhe ins Haus, so achten Sie darauf, daß Sie ihn nicht zu warm stellen und mit dem vorsichtigen Gießen erst im Frühjahr beginnen.
• Ist der Kaktus im Trieb, so gießen und düngen Sie ihn seinen Ansprüchen entsprechend.
• Haben Sie von Bekannten einen kleinen Kakteen-Sprößling erhalten, so drücken Sie ihn vorsichtig in einen mit trockener Kakteenerde gefüllten Topf passender Größe. Wasser sollte er vorerst noch keines bekommen und auch nicht in die pralle Sonne gestellt werden. Vom Frühjahr bis Anfang Herbst werden sich nach wenigen Wochen Wurzeln bilden, und der Sprößling wird zu treiben beginnen. Nun können Sie den Kaktus erstmals gießen und nach seinen Bedürfnissen weiterpflegen.

Pflege rund ums Jahr

Kakteen fühlen sich wohl an einem Platz, wo neben ausreichend Licht (→ Seite 12) noch folgende Bedingungen herrschen:
• Viel frische Luft.
• Wärme während der Wachstumszeit.
• Kühlere Temperaturen während der Ruhezeit.
Frische Luft und viel Licht machen den Kaktus widerstandsfähig gegen Krankheiten und Schädlinge. Meiden Sie Standorte mit anhaltend hoher Luftfeuchtigkeit wie Badfenster, hier können Pilzbefall und Fäulnis gefördert werden. Auch kalte Zugluft vertragen Kakteen nicht. Prüfen Sie deshalb besonders am Winterstandort, ob die Fenster wirklich gut schließen.
Neben der Lichtmenge signalisiert die Temperatur dem Kaktus die Jahreszeit und beeinflußt seine Wachstums- und Blühphase. Von April bis September sollten Sie darauf achten, daß der Kaktus am Fenster nicht zu großer Hitze ausgesetzt ist. Wenn Sie ihn während der warmen Jahreszeit regengeschützt vor das Fenster stellen, hat er ein optimales Plätzchen. Ganz ungeeignet aber für die Kultur von Kakteen sind Mini-Gewächshäuser oder bepflanzbare Gläser, dort kommt es im Sommer zum tödlichen Hitzestau.
Vor dem Fenster, auf Balkon oder Terrasse gehaltene Kakteen müssen vor dem ersten Frost trocken ins Winterquartier befördert werden.

Sonderfall Epiphyten

Die Epiphyten (Blattkakteen) stellen andere Ansprüche, denn sie stammen aus tropischen Gebieten, wo sie in den Astgabeln von Bäumen in Humusnestern gedeihen. Sie haben blattförmige Triebe und nur wenige unscheinbare Dornen oder Borsten an den Blattkanten oder Triebenden. Grundsätzlich wollen sie leicht feuchtes, humusreiches Substrat (→ Seite 22), und sie kommen mit etwas weniger Licht aus. Sie werden auch in etwas größeren Töpfen kultiviert.

Winterruhe

Ab Oktober sollten die aus den Wüsten- und Gebirgsregionen stammenden Arten einen kühlen (etwa 5-12 °C), hellen, frostfreien Platz erhalten und nicht mehr gegossen und ge-

Pflege rund ums Jahr

Vielfalt an Farben und Dornen – Kakteen in der Schale.

- Die frühjahrs- bis sommerblühenden Arten *Epiphyllum*, *Nopalxochia* und der – nicht zu den Epiphyten gehörige, aber ähnliche Ansprüche stellende – *Selenicereus* wollen möglichst bei 12-15 °C überwintern und müssen dabei trockener, aber dennoch leicht feucht gehalten werden. Vermeiden Sie stehende Nässe, die Wurzeln faulen sonst ab! Eine kältere Überwinterung vertragen sie nur bei trockenerem Stand, können aber dann unschöne Flecken bekommen und im Frühjahr zaghafter zu treiben beginnen.
- Winterblühende Epiphyten wie Schlumber*gera*, *Rhipsalis* und *Epiphyllum* (*Marniera*) müssen zur Blütezeit bei Temperaturen um 20 °C gehalten werden, damit die Blüten sich entfalten. Sie sollten ausreichend gegossen und gedüngt werden und dürfen nicht austrocknen, da sie sonst ihre Blüten fallen lassen. Nach der Blüte setzt das Wachstum ein. Diese Epiphyten sollten den Winterstandort erst nach den Eisheiligen verlassen. Stellen oder hängen Sie sie ins Freie. Die neugewachsenen Sprosse härten sich bis zum Herbst ab und werden zuverlässig im Winter wieder ihre Blühfreudigkeit zeigen. Wenn Sie Ihren Weihnachtskaktus so behandeln, wird er auch nie seine Knospen fallen lassen, wenn Sie ihn nach dem Fensterputzen einmal umgestellt haben.

düngt werden. Das Tageslicht nimmt nun ab, und der Kaktus stellt sein Wachstum ein, vorausgesetzt er steht nicht auf der geheizten Fensterbank. Dort würde er jetzt »vergeilen« und im Frühjahr keine Blütenknospen ansetzen.

Mein Tip: Haben Sie keinen anderen Platz für Ihre Kakteen, versuchen Sie, durch Unterlegen von Styropor die Wärme abzuschirmen.

Zwei Kakteen-Gruppen wollen aber auch im Winter höhere Temperaturen:

<u>Wärmeliebende Kakteen</u> wie *Cephalocereus senilis*, *Melocactus*- und *Discocactus*-Arten, sollten nicht unter etwa 12° C stehen.

<u>Bei den Epiphyten</u> entscheidet die Blütezeit über die Überwinterung:

Die richtige Pflege

Richtig gießen

Nicht nur die richtige Menge, auch die Qualität des Gießwassers ist entscheidend:
• Der pH-Wert ist ein Maßstab für den Säuregrad des Wassers. Für die meisten Kakteen sollte er zwischen 5 und 6,7 liegen. Messen können Sie ihn mit käuflichem Indikator-Papier.
• Wichtig ist auch der Härtegrad des Wassers, der weitgehend vom Kalkgehalt bestimmt wird. Kakteen sind nicht allzu kalkempfindlich, doch lagert sich Kalk als häßliche weiße Flecken am Topf, auf dem Substrat und am Kaktus ab. Den Härtegrad Ihres Wassers erfahren Sie von Wasserwerk oder Gemeinde. Liegt der Wert über 10 °dGH (Gesamthärte), sollte enthärtet werden. Im Fachhandel sind zahlreiche Mittel und Geräte für diesen Zweck erhältlich.
Mein Tip: Die Qualität des Regenwassers ist regional sehr unterschiedlich und sollte besser geprüft werden.

Wann gießen?

Vor allem das Gießen entscheidet bei Kakteen über Leben und Tod. Oft läßt man sie vertrocknen in der irrigen Meinung, sie bräuchten kein Wasser, andere werden »totgegossen«. Beherzigen Sie folgende Grundsätze:
• Lieber seltener und dann kräftig gießen als zu oft!
• Je kühler der Standort, desto geringere Wassergaben.
• Je mehr Humus im Substrat, desto vorsichtiger gießen.
• Plastiktöpfe halten das Wasser länger als Tontöpfe.
• Den Kaktuskörper selbst möglichst nicht benetzen.
• Nur bei warmem Wetter gießen.

<u>Während der Winterruhe:</u>
• Bei Temperaturen unter 10 °C überhaupt nicht gießen.
• Bei etwas wärmerem Stand vorsichtig Wasser geben.

<u>Im Frühjahr</u> zum Antreiben:
• Vorsichtig gießen und Substrat wieder trocknen lassen.
• Wenn der Körper sich füllt und treibt, kräftig nachgießen.

<u>Von Mai bis September</u> regelmäßig kräftig gießen und wieder abtrocknen lassen. In Hitzeperioden können Kakteen vorübergehend ihr Wachstum einstellen, dann nicht gießen.

<u>Im Herbst,</u> ab Mitte Oktober, das Gießen einstellen und den Kaktus so auf seine Winterruhe vorbereiten.

Wie gießen?

Kakteen in Einzeltöpfen werden mit einem Gießkännchen in den Gießrand gegossen.
<u>Beim Anstauverfahren werden</u> die Töpfe in eine Schale mit Gießwasser gestellt. Wenn sich das Substrat vollgesaugt hat, werden sie wieder herausgenommen, überschüssiges Wasser muß ablaufen. Das Anstauen kann ebenso im Untersetzer geschehen, aber auch hier überschüssiges Wasser entfernen.
Wichtig: Vermeiden Sie unbedingt Staunässe, insbesondere in Verbindung mit Kälte!

Nebeln und Sprühen

Viele Kakteen leben in Nebelwüsten zwischen Küste und Hochgebirge. Durch leichtes Nebeln und Sprühen mit möglichst kalkfreiem, lauwarmem Wasser an warmen Sommer- und Herbstabenden fördern Sie ihr Gedeihen.

Kakteen düngen

Das Nährstoffangebot im Wüstenboden ist meist karg, und so haben sich Kakteen darauf eingestellt, aus dürftigem Angebot das Maximale herauszuholen. Aber auch sie brauchen die Hauptnährstoffe Stickstoff, Phosphor und Kalium. Hinzu kommen die Spurenelemente, darunter Eisen und Mangan, die zur Bildung des für die Photosynthese wichtigen Blattgrüns benötigt werden. Das Verhältnis von Stickstoff (N), Phosphor (P) und Kalium (K) ist bei käuflichen Düngern in der Reihenfolge N-P-K angegeben. Für Kakteen soll der Anteil an Stickstoff geringer oder gleich dem Gehalt an Phosphor sein. Ideal ist eine

Gießen und Düngen

Früchte von Rhipsalis pilocarpa, einer schönen Ampelpflanze.

Zusammensetzung von 12-14-7. Zu unterscheiden sind:
- Sofort in Wasser lösliche Düngemittel, die ihre Närstoffe rasch abgeben und schnell erschöpft sind.
- Dünger, die sich nur langsam lösen wie die organischen, und eine Langzeitwirkung haben. Empfehlenswert ist es, wenn Sie abwechselnd verschiedene Dünger verwenden.

Düngezeitpunkt

Frische Erde gibt dem Kaktus für eine geraume Zeit die Nährstoffe, die er braucht. Beachten Sie dann folgendes:
- Düngen Sie nie in der Ruhepause, im Frühjahr beim ersten Gießen oder sofort nach dem Umtopfen.
- Beachten Sie die Dosierungsanleitungen.
- Düngen Sie nur, wenn der Kaktus treibt.
- Die Düngerlösung nicht über die Pflanze gießen.
- Die Kakteen sollen frisch und kräftig wachsen, aber nicht durch zuviel Düngung »mastig« werden, also ein aufgeblähtes Aussehen bekommen.
- Phosphordüngung im Herbst fördert die Blütenbildung im kommenden Frühjahr.

Die richtige Pflege

Kakteenerde

Kakteen wachsen am Naturstandort in sehr unterschiedlichen Substraten, in Kultur sind sie jedoch sehr anpassungsfähig. Die Kunst besteht weniger in der Wahl eines spezifischen Substrats sondern darin, die Kakteen im gegebenen Substrat richtig zu pflegen. Grob kann folgende Einteilung getroffen werden:
• Epiphyten (Blattkakteen, → Seite 18), *Selenicereus* und *Hylocereus* bevorzugen ein nährstoffreiches Substrat.
• Kakteen der Wüsten- und Felsregionen benötigen ein gut wasser- und luftdurchlässiges Substrat, wie es zum Beispiel durch den Zusatz von porösem Bimskies erreicht wird.
<u>Eigene Mischungen</u> können Sie zusammenstellen aus Blumenerde, grobem Fluß- oder Quarzsand, Bimskies oder Lavagrus. Für humusliebende Arten sollten Sie dabei einen größeren Anteil an Blumenerde verwenden, bei Wüstenkakteen weniger, und bei empfindlichen Arten nur rein mineralisches Substrat wie etwa aus Bimskies oder Lavagrus mit Quarzsand (1:1).
<u>Gekaufte Kakteenerde</u> ist meist sehr humusreich und durch Sand oder Styroporflocken aufgelockert. Für Wüstenkakteen muß sie noch mit Sand, Bimskies oder Lavagrus vermischt werden.

Kakteen in Hydrokultur

Im Handel finden sich auch in Hydrokultur gezogene Kakteen. Sie werden ohne Erde in porösem Blähton und in einem sogenannten Topf-in-Topf-System gezogen, das aus einem Gittertopf und einem wasserdichten Übertopf besteht. Ein Wasserstandsanzeiger zeigt den Pegel der Nährlösung am Grund des Übertopfes und den richtigen Gießzeitpunkt an. Wenn nicht zu grober Blähton verwendet wird, Sie den Wasserstand immer gering halten und den Kaktus zur Ruhezeit auch einmal trocken stehen lassen, kann auch diese Kultur gelingen. Eingefleischte Kakteenfreunde bevorzugen aber die Anstaubewässerung (→ Seite 20) mit Bimskies als Substrat, die eigentlich auch eine Variante der Hydrokultur ist. Die richtige Dosierung der Nährlösung erfordert hier einige Erfahrung.

Kunstlicht

Wenn Sie Kakteen an einem dunklen Platz überwintern müssen, können Sie mit Hilfe einer Zusatzbeleuchtung die Widerstandskräfte der Pflanzen steigern. Folgende Punkte sind wichtig:
• Die Lampe muß blaues Licht im Wellenbereich von 436 Nanometern und rotes Licht von 630 Nanometern abstrahlen. Beide Bereiche sind wichtig für die Photosynthese.
• Die Leuchte soll mit einem Innenreflektor ausgestattet sein, damit das Licht ausschließlich den Pflanzen zugute kommt.
• Halten Sie bei der Installation den vom Hersteller empfohlenen Mindestabstand zur Pflanze ein.
• Glühlampen sind wegen des fehlenden Blauanteils im Spektrum nicht geeignet.
• Empfehlens- und preiswert sind Quecksilberdampf-Hochdrucklampen, sie benötigen wenig Energie und haben eine lange Lebensdauer.
Mein Tip: Treiben Sie Kakteen nie durch Wärme und Gießen bei Kunstlicht an. Sie werden garantiert »vergeilen«.

Kakteenpflege im Urlaub

Kakteen können lange Zeit ohne Wasser auskommen. Geben Sie also Ihren Pflanzen vor der Abreise einen kleinen Wasser- und Nährstoffvorrat, sorgen Sie im Sommer für ausreichende Belüftung und im Winter für Beheizung, und überlassen Sie sie dann getrost ihrem Schicksal. Das ist sicher besser, als die Pflege einem unerfahrenen Nachbarn anzuvertrauen, der es dann zwar gut meint, die Kakteen aber bis zu Ihrer Rückkehr totgegossen hat.

Junge und alte Kakteen teilen sich in drei Etagen den Platz an der Sonne.

Die richtige Pflege

Praxis:
Kakteen umtopfen

Kakteen sollten umgetopft werden, wenn:
• der Kaktus zu groß wird für den Topf.
• Wurzeln aus dem Wasserabzugsloch wachsen.
• Kalkablagerungen auf Topf, Kaktus oder Dornen erscheinen.
• grüne Algen oder Moose auf dem Substrat oder am Topf wachsen.
• der Kaktus nicht mehr wächst.
• er von Schmier- oder Wurzelläusen (→ Seite 33) befallen ist.
• hochwüchsige Arten umzufallen drohen.

Der richtige Zeitpunkt. Beim Umtopfen sind Wurzelverletzungen möglich, durch die Fäuliserreger eindringen können. Deshalb sollten Sie zur richtigen Jahreszeit und bei passendem Wetter umtopfen. Ideal sind Frühling und Frühsommer während einer Warmwetterperiode. Auch Sommer und Frühherbst sind noch geeignet. Vermeiden Sie aber ein Umtopfen im Winter. Einen angefaulten Kaktus dann lieber austopfen, Wurzeln säubern, abtrocknen lassen und erst im Frühjahr eintopfen.

Ton- oder Plastiktöpfe? Beide haben Vor- und Nachteile:
• Tontöpfe sind luft- und wasserdurchlässig, das Substrat trocknet schneller aus, es muß öfter gegossen werden. Die Nährstoffe werden an den Topfinnenrand geschwemmt, und die Wurzeln orientieren sich dorthin. Bei Beetkultur kann wegen der runden Topfform der Platz nicht vollständig genutzt werden.
• Plastiktöpfe lassen das Substrat langsamer austrocknen, es muß weniger gegossen werden. Die Nährstoffe verteilen sich gleichmäßig im Substrat, der Wurzelballen entwickelt sich bestens. Viereckige Plastiktöpfe gestatten eine bessere Platzausnutzung und geschlossene Beetkultur.

Welche Topfgröße? Die Topfgröße richtet sich nach der Größe des Wurzelballens und des Kaktus. Der Topf soll etwas breiter sein als der Kaktuskörper, damit ein Gießrand bleibt. Bei Säulenformen geben Ballengröße und Standfestigkeit den Ausschlag.

Richtig angepackt. Der Wurzelballen sollte gut abgetrocknet sein, das hält die Fäulnisgefahr gering und erleichtert das Austopfen. Einige Arten können Sie durch Andrücken der Dornen, andere durch vorsichtiges Greifen zwischen die Dornen anpacken, viele aber nur mit Handschuhen oder Styroporstücken. Vorsicht vor durchstechenden Dornen! Läßt sich der Kaktus nicht aus dem Topf ziehen, verfahren Sie wie folgt:

Austopfen
Zeichnung 1

Plastiktöpfe drücken, bis sich der Ballen lockert, oder Kaktus durch Aufstoßen des Topfrandes auf die Kante einer Plastikschale oder des Tisches

1 <u>Austopfen</u> durch kurzes, vorsichtiges Aufstoßen.

2 <u>Wurzelballen</u> säubern und abtrocknen lassen.

3 <u>Eintopfen</u> in frische Erde mäßig andrücken.

Praxis: Kakteen umtopfen

4 Empfindlichen Wurzelhals durch Einbetten in grobes Substrat und Drainage schützen.

aus dem Topf gleiten lassen, nicht auffangen! Gelingt dies nicht, hilft nur noch das Zerschlagen des Topfes. Vorsicht, die Kanten sind sehr scharf!

Wurzelballen vorbereiten
Zeichnung 2

Der Wurzelballen muß gesäubert und von alten und verfaulten Wurzeln sowie verbrauchter Erde befreit werden. Gesunde Wurzeln schonen, sie sind hell, fest und elastisch. Sind die Wurzeln gesund und die Erde noch nicht zu sehr verbraucht, Ballen nur etwas aufrauhen und Erde abschütteln. Wurzeln an der frischen Luft trocknen lassen.

Eintopfen
Zeichnung 3

Das frische Substrat soll trocken sein. Die Wasserabzugslöcher des neuen Topfes werden mit einem Kiesel oder Scherben abgedeckt und der Topf mit Substrat etwa halbvoll gefüllt. In der Mitte wird eine Mulde geformt und der Wurzelballen so tief eingesetzt, daß der untere Körperrand des Kaktus etwa topfrandeben liegt. Substrat auffüllen und um den Wurzelballen leicht andrücken. Durch leichtes Aufstampfen des Topfes wird das Substrat zwischen die Wurzeln eingerüttelt. **Wichtig:** Frisch getopfte Kakteen mindestens 1 Woche lang nicht gießen!

Empfindlicher Wurzelhals
Zeichnung 4

Bei empfindlichen Kakteen wie *Cephalocereus senilis* empfiehlt sich eine Drainage-Schicht am Topfboden. Der Wurzelhals wird ebenfalls in gröberes Substrat gebettet, damit er nach dem Gießen schnell abtrocknet.

Verletzungsgefahr bei Kakteen
Zeichnungen 5 und 6

Dornen zupfen Sie mit der Pinzette aus der Haut. Viele Mammillarien wie *Mammillaria bocasana* besitzen in zarte Wolle eingebettete »Angelhaken«. Nach dem Hängenbleiben möglichst nicht erschreckt die Hand wegziehen! Drücken Sie den Finger in Richtung Kaktus und haken Sie den Dorn aus. Kakteendornen sind nicht giftig, größere Verletzungen sollten aber behandelt werden. Opuntien besitzen an ihren Areolen nadelspitze, harte, mit mikroskopisch kleinen Widerhaken wie Pfeilspitzen bestückte große Dornen und anstatt der Areolenwolle »Glochiden«, eine Anhäufung von winzigen Dornen mit ebensolchen Pfeilspitzen. Bei Berührung haken sie sich sofort in der Haut fest, lassen sich aber oft schon durch kräftiges Abwischen in einer Richtung entfernen.

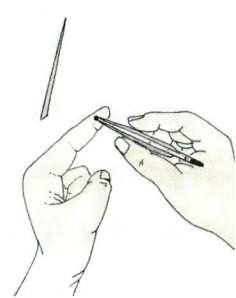

5 Dornen mit Pinzette herausziehen.

6 Aushaken aus Dornen mit Widerhaken.

Die richtige Pflege

Kakteen in Schalen

Beim Zusammenpflanzen von Kakteen in Schalen können Sie nach Herzenslust Ihr Gestaltungsgeschick spielen lassen. Vorher sollten Sie aber folgendes bedenken: Pflege und Substrat werden für alle in der Schale gleich sein, deshalb nur Kakteen mit gleichen Ansprüchen wählen. Pflanzen Sie also zum Beispiel Blattkakteen nicht mit Wüstenkakteen zusammen.

Mit Formen spielen. Die Kombination von verschiedenen Wuchsformen bewirkt vor allem den Reiz einer bepflanzten Schale. Folgende Regeln gelten:
- Schnell und hoch wachsende Kakteen wie der Säulenkaktus (*Cereus*) sind natürlich nicht für kleine Schalen geeignet.
- Für den Vordergrund (jeweils von der Fensterscheibe aus betrachtet!) optimal sind flach und kugelig bleibende Kakteen, die der Größe nach ansteigend in die Schale gepflanzt werden.
- In den Hintergrund oder an die Seite können Sie je nach Platz ein oder zwei dekorative Säulenformen setzen, wie *Cleistocactus straussi*, *Cephalocereus senilis*, *Oreocereus*- oder *Espostoa*-Arten. Diese nach Größe gestaffelte Pflanzung wirkt nicht nur gut, sie sorgt auch dafür, daß alle Kakteen genug Licht erhalten und nicht im Schatten der »Großen« darben.
- Berücksichtigen Sie den zu erwartenden Breitenwuchs der Kakteen, sowie deren Neigung zur Gruppenbildung. Wählen Sie den Pflanzabstand entsprechend groß.
- Bedenken Sie auch den zukünftigen Höhenzuwachs, denn die so wirkungsvolle Staffelung von klein nach groß sollte so lange wie möglich erhalten bleiben.
- Die Kombination von Kakteen mit unterschiedlich großen und geformten Dornen hat auch ihren Reiz.

Mit Farben spielen. Kakteen bieten nicht nur abwechslungsreiche Blütenfarben. Auch die Farben des Kakteenkörpers und der Dornen können sehr unterschiedlich sein und wirken das ganze Jahr über. Es gibt sie von weißlich-grau über gelb und allen Schattierungen an Grüntönen bis hin zu bläulich und sogar rostbraun.

Mein Tip: Pfiffig wirkt eine Kombination mit ein oder zwei nicht zu üppig wachsenden Sukkulenten, wie *Graptopetalum bellum* (früher *Tacitus bellus*), kleinwüchsigen *Echeveria*-, *Euphorbia*-, *Aeonium*- oder *Stapelia*-Arten. Bei guter Wahl wird die Kakteenschale nicht nur über Jahre eine Augenweide, sondern auch ausgesprochen pflegeleicht sein.

Wichtig: Die Schale stellen Sie so zum Fenster, daß die kleinen Kakteen vorne am Licht und nicht im Schatten der großen stehen.

Pflege. Beachten Sie beim Gießen, daß die meisten Schalen keine Wasserabzugslöcher besitzen. Gießen Sie deshalb nur so viel, daß sich das Substrat gerade vollsaugen kann und keine Staunässe entsteht. Wegen der höheren Wasserverdunstung der großen Substratoberfläche muß öfter gegossen werden. Düngen Sie wie üblich mit dem Gießen, setzen Sie aber das Düngemittel etwas sparsamer ein.

Umtopfen. Irgendwann werden die Kakteen sich gegenseitig drücken, dann muß umgetopft werden. Wechseln Sie das alte Substrat vollständig aus und geben Sie den Kakteen beim Eintopfen wieder den nötigen Pflanzabstand.

Kakteenbeete

Manche Blumenfenster und Wintergärten bieten die Möglichkeit, ein Kulturbeet einzurichten, in dem die Kakteen frei ausgepflanzt werden können. Ideal ist die Installation einer regelbaren Bodenheizung. Das Beet soll eine Substratschicht von etwa 40-60 cm Stärke aufnehmen können. Flachwurzelnde Kakteen können aber bereits mit 20 cm aus-

Kakteen zusammenpflanzen

Unterschiedliche Wuchsformen, schön kombiniert.

kommen. Das Substrat sollte gut wasserdurchlässig sein (→ Seite 22). Das Einpflanzen der Kakteen erfolgt nach den oben genannten Gesichtspunkten. Viele Kakteenfreunde mit umfangreicheren Sammlungen arrangieren zusätzlich Gattungen und Arten geordnet nach ihren Heimatstandorten. Bedenken Sie noch folgendes:
• In einem Kulturbeet ausgepflanzte Kakteen wachsen in einer kürzeren Zeit als in Topf und Schale zu beachtlicher Größe heran und brauchen entsprechend viel Platz. Halten Sie also größere Pflanzabstände ein. Auch wenn das frisch bepflanzte Beet zunächst etwas verloren aussieht, nach 2 bis 3 Jahren wird sich das Bild sehr schnell zu einer prächtigen Kakteenlandschaft wandeln.
• Pflanzen Sie die Kakteen ausgetopft direkt in das Substrat. In Töpfen in das Beet versenkte Kakteen wurzeln durch das Wasserabzugsloch ein. Wenn Sie so einen Kaktus wieder herausnehmen wollen, werden die Wurzeln dabei meist abgerissen.
• Kleinwüchsige Kakteen sind nur für den Vordergrund geeignet, sie werden sonst von den großen schnell überwachsen. Empfehlenswerte und sehr dankbare Kakteen für Beete sind:

Hintergrund: Fast alle größer werdenden Arten von *Cereus*, *Cleistocactus*, *Ferocactus*, *Espostoa*, *Echinopsis* einschließlich der früheren Gattungen *Soehrensia* und *Lobivia*, *Echinocereus*, *Echinocactus* und *Mammillaria*.

Vordergrund: Kleinere Arten von *Mammillaria* einschließlich der früheren Gattung *Dolichothele*, *Echinopsis* einschließlich der früheren Gattung *Lobivia*, *Echinocereus*, und *Parodia* einschließlich der früheren Gattung *Notocactus*.

Pflege. Gegossen und gedüngt werden die Beete am besten mit der Gießkanne oder dem Schlauch. Langsam wirkender Dünger wie Guano kann hier auch in das Substrat eingearbeitet werden. Ein richtig bepflanztes, schön gestaltetes und gepflegtes Kulturbeet ist der Höhepunkt einer jeden Kakteensammlung.

Die richtige Pflege

Praxis:
Säen und Pikieren

Durch Aussaat kommen Sie rasch zu einem schönen Kakteenbestand. Samen können Sie im Fachhandel, bei Kakteengesellschaften und Liebhabern erhalten.

Wann aussäen? Die günstigste Zeit ist von Februar bis April. Je frischer der Samen, desto besser keimt er.

Aussaaterde. Sie soll feinkörnig, humusarm und durchlässig sein. Empfehlenswert sind feiner Bimskies vermischt mit grobem Quarzsand und wenig feinem Torf oder humusfreies Torf-Kultur-Substrat gemischt mit etwa 50% grobem Quarzsand.

Ausrüstung. Sie brauchen Aussaatschalen und Vierkant-Plastiktöpfe (Größe 6 oder 7). Die Töpfe werden in die Schale gestellt. Wenn diese nicht auf der Fensterbank über der Heizung steht, sollte sie durch eine käufliche Heizmatte oder Ähnliches beheizt werden. Eine Abdeckung durch eine Plastikhaube, Glasscheibe oder am besten durch ein Vlies ist vorteilhaft.

Temperatur. Die beste Keimtemperatur ist um 28 °C, das Minimum liegt bei 22 °C.

Samen vorbereiten. Die Kakteensamen sollten mit einem Beizmittel aus dem Fachhandel vorbehandelt werden, da Pilzsporen und fäulnisanfällige Teile an ihnen haften. Eine winzige Messerspitze voll Beizpulver pro Samentüte genügt. Dies verhindert in den kritischen Tagen der Dauerbefeuchtung einen Pilzbefall.

Kakteen aussäen
Zeichnung 1

Füllen Sie die Töpfe mit dem Substrat. Streuen Sie den Samen möglichst gleichmäßig aus der Tüte auf die Erde. Am besten säen Sie pro Topf 1 bis 2 Arten aus und kennzeichnen diese mit einem beschrifteten Etikett. Drücken Sie die Samen gut an. Kakteen sind Lichtkeimer, Aussaaten brauchen also nicht mit Substrat abgedeckt zu werden. Nur sehr grobkörnige Samen sollten leicht mit Erde bedeckt werden, damit sie die Bodenfeuchtigkeit besser aufnehmen können. Stellen Sie die Schale mit den Töpfen an einen hellen Platz und gießen Sie warmes, möglichst kalkarmes Wasser in die Schale. Schalten Sie die Heizung ein und legen Sie die Abdeckung darüber.

Weitere Pflege. In den ersten 2 bis 3 Wochen muß das Substrat immer feucht bleiben. Schon 2 bis 3 Tage nach der Saat erscheinen kleine, kugelige, gelbe, grüne und rötliche Sprößlinge. Bald entwickeln sich auch Keimblätter und Wurzeln. Nach 10 bis 12 Tagen haben die meisten Samen gekeimt. Nur einige wenige Arten wie die Opuntien haben eine längere Keimdauer. 2 bis 3 Wochen später erscheint zwischen den Keimblättern der Sämling und bildet erste feine Dornen aus. Gegen Pilzbefall sollten Sie nun viel lüften und das Substrat kurzzeitig austrocknen lassen. Oft werden Aussaaten von der Trauermücke befallen, deren Maden die Wurzeln anfressen. Gelbsticker oder -tafeln genügen zur Bekämpfung.

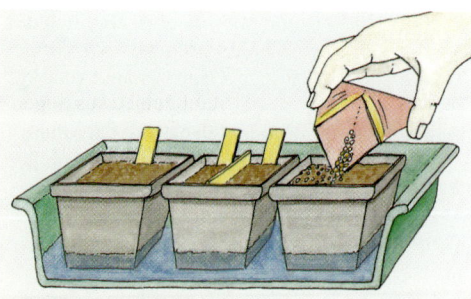

1 Die Aussaat erfolgt in Plastiktöpfe, die zur Anstaubewässerung in einer wasserdichten Schale stehen.

Praxis: Säen und Pikieren

Pikieren
Zeichnungen 2 und 3

Wenn sich die Sämlinge gegenseitig zu drücken beginnen, ist Zeit zum Pikieren (Umsetzen). Als Pflanzgefäße sind kleine Schalen aus Styropor oder Plastik zu empfehlen. Decken Sie die Wasserabzugslöcher ab und füllen Sie die Schale mit feinkörnigem, trockenem bis leicht feuchtem Substrat. Ziehen Sie den Wurzelballen etwas aus dem Topf heraus und lösen Sie die Sämlinge durch vorsichtiges Bohren mit dem Pinselstiel heraus. Bereiten Sie mit dem Stiel in der Pikierschale ein Loch vor (Pflanzabstand etwa Körperbreite) und stecken Sie den Sämling bis zum Wurzelhals hinein. Drücken Sie mit dem Stiel das Substrat an den Sämling. Ist die Schale fertig pikiert, stellen Sie sie an einen hellen, warmen Platz. Schützen Sie vor praller Sonne und gießen Sie frühestens nach einer Woche! Leichtes Besprühen während dieser Zeit hilft den Pflänzchen über die Durststrecke.

Bestäuben
Zeichnung 4

Die Befruchtung der Blüte geschieht durch das Übertragen von Blütenstaub aus den Staubbeuteln auf die Narbe. Kakteen sind überwiegend selbstunfruchtbar (selbststeril), nur wenige sind selbst-

4 Bestäubung der Blüte: Fruchtknoten (1), Röhre mit Schuppen (2), Staubblätter (3), Blütenblätter (4) und Griffel mit Narbe (5).

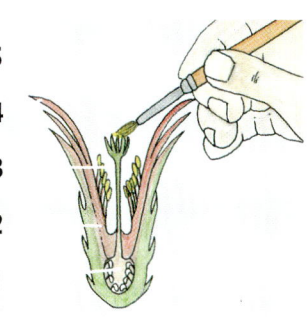

fruchtbar (selbstfertil). Manche befruchten sich selbst in der Knospe (Kleistogamie) und blühen gar nicht mehr auf. Das bedeutet, daß die Blüte nur dann Samen ansetzt, wenn sie mit dem Pollen eines artgleichen anderen Kaktus bestäubt wird. Viele lassen sich selbst durch verwandte Arten, oft sogar andere Gattungen bestäuben. Dabei entstehen »Mischlinge« (Hybriden), die sich äußerlich und genetisch von den Elternpflanzen unterscheiden.
Hier können Sie Ihr Züchterglück erproben: Die Sämlinge zeigen oft völlig neue Blütenformen und -farben, eine andere Bedornung und interessanten Wuchs.

Den Pinsel nach der Bestäubung gut säubern, gegebenenfalls mit Alkohol, sonst kann die nächste Bestäubung »fremdgehen«! Nun die Blüte zubinden, dadurch wird eine unkontrollierte Bestäubung durch Insekten verhindert. Etikettieren nicht vergessen.
Mein Tip: Blühen Kakteen zeitlich so unterschiedlich, daß eine direkte Bestäubung nicht möglich ist, so schneiden Sie von der ersten Blüte einige Staubgefäße aus, legen diese in ein Papiertaschentuch und bewahren Sie sie im Kühlschrank auf, bis die Blüte des Partners geöffnet ist. Bestäuben Sie mit den gekühlten Pollen – es wird meist funktionieren!

2 Pikiert wird mit Hilfe eines Pinselstiels.

3 Einpflanzen der Sämlinge in kleine Schalen.

Die richtige Pflege

Praxis: Vegetative Vermehrung

Darunter wird die Vermehrung durch Stecklinge verstanden, man verwendet Triebspitzen oder Seitensprosse. Sie können entweder auf eine Unterlage gepfropft oder wurzelecht gezogen werden.

Pfropfen

Die Unterlage treibt den Pröpfling an und versorgt ihn mit Nährstoffen. Gepfropft wird:
• Zur Erhaltung von Arten, die schlecht auf eigener Wurzel wachsen oder so sehr schwer zu ziehen sind.
• Zur Kultur von alleine nicht lebensfähigen Arten.
• Zur Rettung von kranken Kakteen.
• Zur schnellen Kultur von Sämlingen.
• Um ansprechende Pflanzen zu erhalten.
Die richtige Unterlage.
Die Wahl ist für den Erfolg entscheidend, bewährt haben sich:
• *Eriocereus jusbertii*.
• *Echinopsis*-Arten (einschließlich der früheren Gattung *Trichocereus*) *E. spachiana*, *E. pasacana*, *E. bridgesii*.
• *Hylocereus* und *Pereskia*, für Sämlingspfropfung.

Echinopsis bildet jedoch gerne Sprosse, die entfernt werden müssen. Wählen Sie die Unterlage je nach den Pflegeansprüchen des Pröpflings (→ Pflanzenporträts).
Pfropfungs-Grundregeln.
• Verwenden Sie ein sauberes, scharfes Messer oder eine Rasierklinge.
• Die Leitbündelringe von Unterlage und Pröpfling müssen sich berühren, nur so wachsen sie zusammen.
• Zur Rettung von unten her angefaulter Kakteen Pröpfling bis zum gesunden Gewebe (weißes Leitbündel) kürzen.
• Die Unterlage soll im Trieb sein. Das ist meist von April bis September der Fall.

• Bei Notpfropfung außerhalb dieser Monate Pflanzen wärmer stellen und durch Gießen antreiben.
• Kanten Sie die Schnittstellen von Unterlage und Pröpfling ringsum leicht ab. Dadurch wird der Pröpfling beim Trocknen und Schrumpfen der Schnittstellen nicht von der Unterlage abgedrückt.
• Beide Schnittflächen sollten frisch sein, eventuell noch einmal nachschneiden.
• Der Pröpfling wird meist mit der Triebspitze nach oben auf die Unterlage gesetzt.
Umkehrpfropfung
Mit ihrer Hilfe kann ein Kaktus, der wurzelecht nur schwierig zu ziehen ist und nicht freiwillig sproßt, vermehrt werden. Sie läuft etwas anders ab: Zunächst wird das Oberteil wie beschrieben gepfropft oder als Steckling behandelt, dann das Unterteil am Wurzelhals abgeschnitten und umgekehrt auf eine weitere Unterlage gepfropft. Dieser Teil wird dann ebenfalls bald Sprosse bilden.

1 Unterlage oben abschneiden.

2 Sämling weit unten abschneiden.

3 Pröpfling sanft auf Unterlage drücken.

Praxis: Vegetative Vermehrung

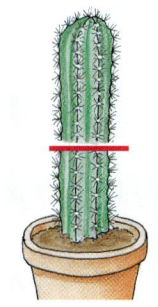

4 Steckling mit glattem Schnitt abtrennen.

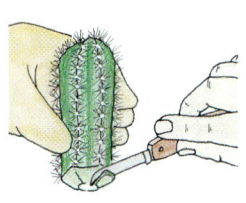

5 Schnittstelle ringsum abkanten.

6 Steckling in Topf bewurzeln.

• Nach der Pfropfung die Pflanzen an einen warmen und hellen Ort ohne pralle Sonne stellen. Substrat leicht feucht halten.

Sämlingspfropfung
Zeichnungen 1-3

Wer nach der Aussaat schnell zu blühfähigen Kakteen kommen will, sollte sie durchführen.
• Schneiden Sie den Kopf der Unterlage ab (→ Zeichnung 1).
• Der mehrere Wochen alte Sämling wird direkt oberhalb der Keimblätter durchgeschnitten (→ Zeichnung 2).
• Dann setzen Sie ihn mit seinem kleinen Leitbündel auf ein Segment des Leitbündelrings der Unterlage (→ Zeichnung 3).
• Die Haltevorrichtung (→ Zeichnung 3) darf den Sämling nur leicht auf die Unterlage drücken. Ideal ist die Fläche eines Etiketts, das auf eine ins Substrat gesteckte Stricknadel gespießt ist. Entfernen Sie sie, sobald der Pfröpfling zu wachsen beginnt. Wenn er groß genug geworden ist, können Sie ihn wie unten beschrieben bewurzeln.

Stecklingsvermehrung
Zeichnungen 4-6

Diese Methode wird auch zur Verjüngung alter, zu groß gewordener Pflanzen genutzt.
• Schneiden Sie den Kaktus an einer Körperstelle durch, die sich optisch anbietet (→ Zeichnung 4).
• Die Schnittstelle des Stecklings kanten Sie zum Leitbündelring hin ab (→ Zeichnung 5). Sie können die Wundstelle mit Holzkohlen- oder Bewurzelungspuder einstäuben. Lassen Sie sie dann einige Tage gut abtrocknen.
• Setzen Sie den Steckling mit der Schnittstelle nach unten in einen leeren Tontopf (→ Zeichnung 6). Er darf nicht zu eng sitzen, damit Luft zirkulieren kann. Stellen Sie ihn an einen warmen, hellen Platz und besprühen Sie den Steckling morgens und abends leicht mit Wasser. Nach einigen Wochen zeigen sich am Leitbündelring die ersten Wurzelspitzen. Nun kann der Steckling in Substrat getopft werden.
Genauso verläuft die Sproßvermehrung, nur wird der Sproß dicht an der Mutterpflanze abgetrennt und braucht nicht abgekantet zu werden.

Mein Tip: Wollen Sie eine freiwillig nicht sprossende Pflanze vermehren, so schneiden Sie zunächst einen Steckling. Lassen Sie dann die Wundstelle des Unterteils abtrocknen. Um weiterwachsen zu können, wird es Sprosse bilden.

Fäulnis

Nicht abgetrocknete Schnittstellen sind Eintrittspforten für Fäulniserreger wie Pilze und Bakterien. Befallene Pflanzen werden dunkelgrün und schließlich braun. Nur sofortiges Kürzen bis zum weißen, gesunden Leitbündel kann diese Kakteen retten.

Pflegefehler, Krankheiten, Schädlinge

Kakteen sind im allgemeinen sehr widerstandsfähig und werden bei richtiger Pflege kaum von Krankheiten und Schädlingen befallen. Beachten Sie zur Vorbeugung folgende Grundsätze:
- *Halten Sie bei der Pflege die Wachstumsperioden genau ein.*
- *Härten Sie durch viel frische Luft ab.*
- *Achten Sie immer auf Hygiene.*
- *Beobachten Sie Ihre Kakteen sorgfältig und ergreifen Sie sofort Gegenmaßnahmen, sobald Sie Anzeichen von Schädigungen entdecken. Bei größeren Problemen sollten Sie auf die im Handel erhältlichen biologischen Pflanzenschutzmittel zurückgreifen. Lassen Sie sich im Einzelfall dort beraten.*

Spannungsrisse

Schadbild: Die Oberhaut reißt seitlich in Längsrichtung ein und es kann sich eine tiefe Furche bilden, die sich oft sogar bis zum Leitbündel vertieft. Pfropfungen von *Gymnocalycium* und *Lophophora* sind anfällig für solche Risse.
Ursache: Der Kaktus wurde zu rasch angetrieben, der Körper blähte sich auf, und die Oberhaut konnte sich nicht mehr ausreichend mitdehnen.
Abhilfe: Stellen Sie den Kaktus an die frische Luft, so daß die Wundflächen schnell eintrocknen und sich eine Schutzhaut bilden kann. Die Narbe wird zwar bleiben, der Kaktus aber überleben.

Vermehrungspilze

Schadbild: Die Sämlinge und das Substrat sind an der befallenen Stelle mit weißlichem Flaum überzogen, die Sämlinge verfärben sich dunkelgrün, zeigen sich erst prall wäßrig und verfallen dann sehr schnell.
Ursache: Wärme und hohe Luftfeuchtigkeit fördern den Befall durch die allgegenwärtigen Pilzsporen.
Abhilfe: Vorbeugend Samen beizen und mit Chinosol-Lösung gießen (→ Seite 28). Bei kleinen Aussaaten Substrat dämpfen. Der betroffene Bereich muß sofort vernichtet werden einschließlich des umgebenden Substrats. Frischluft zuführen und Oberfläche des Substrats kurzzeitig abtrocknen lassen.

Rote Spinnmilbe

Schadbild: Die Milbe selbst ist mit dem bloßen Auge kaum zu erkennen. Befallen werden bevorzugt die weichen Bereiche an den Triebspitzen. Die grüne Epidermis wird fahl, winzige gelbbraune Punkte überziehen die Oberhaut, bis diese eine hellbraune Fläche bilden.
Ursache: Zu trockene Luft, Übertragung durch Zugluft von anderen, befallenen Pflanzen.
Abhilfe: Vorbeugen durch Besprühen und Abhärten der Pflanzen. Nicht sehr wertvolle, stark befallene Pflanzen vernichten. Seltenere Exemplare mit speziellen Akariziden (Milbenmitteln) aus dem Fachgeschäft behandeln und von den anderen isolieren.

Pflegefehler, Krankheiten, Schädlinge

Schildläuse

<u>Schadbild:</u> Hell- bis dunkelbraune, 1 bis 3 mm große, runde bis ovale Höcker auf der Oberhaut, bevorzugt von Epiphyten. Um sie herum kleine, helle Saugstellen sichtbar. Das Schild wird von den Weibchen durch Wachsabscheidungen produziert. Darunter sitzen sie geschützt mit ihren Jungen. Sie geben ein klebriges Sekret ab, auf dem bei hoher Luftfeuchte der schwarze Rußtaupilz gedeiht.
<u>Ursache:</u> Zu trockene Luft, Wanderung der Challenge von befallenen Pflanzen.
<u>Abhilfe:</u> Schilder abkratzen, mit einer Lauge aus je 1 Eßlöffel Schmierseife und Brennspiritus auf 1 l Wasser gelöst spritzen.

Wurzelläuse

<u>Schadbild:</u> Der Kaktus wächst zur Vegetationszeit nicht, sondern färbt sich rot und schrumpft. Wurzellausbefall erkennen Sie an den weißen, pulvrigen Nestern im Substrat und an den Wurzeln. Die Wurzellaus ist maximal 1 mm lang, eiförmig, weiß und glatt.
<u>Ursache:</u> Befall des Substrates, Wanderung der Läuse.
<u>Abhilfe:</u> Entfernen Sie das Substrat und säubern Sie die Wurzeln. Ballen in Insektizid tauchen und abtrocknen lassen. Kaktus in frisches Substrat topfen und nach dem Einwurzeln zweimal im Abstand von 2 Wochen mit einem geeigneten Mittel aus dem Fachhandel gießen.

Wolläuse

<u>Schadbild:</u> Bis zu 3 mm große weiße Wollkokons in den Axillen, Rippen oder an den Areolen, bevorzugt an der Triebspitze, und in den Falten des Wurzelhalses. Die Laus selbst ist weiß bis rosa gefärbt und ähnelt einer Assel.
<u>Ursache:</u> Wanderung der Läuse von befallenen Pflanzen.
<u>Abhilfe:</u> Entfernen Sie alle sichtbaren Läuse mit einem mit Spiritus benetzten Wattestäbchen. Bei starkem Wurzelhalsbefall muß der Kaktus ausgetopft und mit einer Bürste gereinigt werden. Vernichten Sie dabei auch alle alten Pflanzenteile. Spritzen oder Gießen mit einem Mittel aus dem Fachhandel ist zusätzlich empfehlenswert.

Blattläuse

<u>Schadbild:</u> Blattläuse befallen nur selten Kakteen, weil ihnen deren Oberhaut zu hart ist. Dagegen sind grüne oder schwarze Läuse ab und zu an den frischen, zarten Trieben von Blattkakteen, deren Knospen und Blüten zu finden. Die Blätter und Knospen verformen sich. Auf den klebrigen Ausscheidungen der Läuse können sich schwarze Rußtaupilze ansiedeln.
<u>Ursache:</u> Zugluft, Einschleppung über befallene Pflanzen.
<u>Abhilfe:</u> Waschen Sie die Läuse ab. Nur bei starkem Befall mit verdünnter Schmierseifenlösung spritzen oder Mittel aus dem Fachhandel verwenden. Larven von Florfliegen (Bild) fressen Blattläuse.

Die schönsten Gattungen und Arten

Kakteen im Porträt

Lassen Sie sich bezaubern von den teils recht eigenwilligen und bizarren Kakteen. Auch für Ihr Fensterbrett und Ihre Kulturmöglichkeiten werden geeignete Arten dabei sein. Alle aufgeführten Kakteen sind im Fachhandel erhältlich.

Foto oben: Eigenwillige Blütenfarben und -formen.
Foto links: Besonders gut kommen diese zum Teil schon sehr alten Kakteen in den zurückhaltenden Gefäßen zur Geltung.

Kakteen im Porträt

Benennung der Kakteen

Die Kakteen werden wie alle Pflanzen nach bestimmten Regeln benannt, die im Internationalen Code der Botanischen Nomenklatur festgelegt sind. Der botanische Pflanzenname ist auf der ganzen Welt gültig und soll die internationale Verständigung von Hobbygärtnern und Fachleuten erleichtern.
Die für den Pflanzenfreund wichtigste Kategorie ist die Art. Verwandte Arten werden zu Gattungen, verwandte Gattungen wieder zu Familien zusammengefaßt. Die Arten können noch einmal unterteilt werden in Unterarten, Varietäten und Formen.
Der Name der Art wird meist aus dem Lateinischen oder Griechischen entlehnt. Er besteht aus zwei Teilen, dem großgeschriebenen Gattungs- und dem darauf folgenden, kleingeschriebenen Artnamen. Zur Benennung der Kakteen werden zum Beispiel herangezogen:
• Die Körperform wie beim *Echinocactus* (Kugelkaktus) und *Cereus* (Säulenkaktus).
• Die Fundorte wie *Brasilicactus* für Brasilien und – mit verstellten Anfangsbuchstaben – *Lobivia* für Bolivia.
• Die Namen von Entdecker und Beschreiber wie bei *Weingartia* und *Neobuxbaumia*.
• Besonderheiten des Kaktus wie beim *Selenicereus* (Mondkaktus, bekannter als Königin der Nacht), der nur in der Nacht blüht.
Etwa 295 Kakteengattungen wurden bisher geführt, die heute in weniger als 100 zusammengezogen wurden, von denen viele bis heute keine deutschen Namen haben. Eine Gattung umfaßt eine Gruppe von Kakteen, die Gemeinsamkeiten beim Körperbau, der Blüte und der Bedornung, Frucht und Samenanlage aufweisen. Kakteen-Arten sollen rund 14 000 beschrieben sein, wobei nach der Meinung von Fachleuten nur maximal 3 000 auch botanisch wirklich gerechtfertigt sind.

Namensänderungen

So wurde schon seit Jahren – und wird immer noch – versucht, diese Überzahl an Kakteen-Gattungen und -Arten auf ein vernünftiges Maß zu reduzieren. Viele Gattungen wurden inzwischen einer nahe verwandten Gattung zugeordnet, sie gibt es eigentlich nicht mehr. Der Handel aber hält meist noch an den alten Bezeichnungen fest. Die Pflanzen-Porträts in diesem Buch sind nach den gerade gültigen Benennungen geordnet, es wird aber immer auch noch der alte Name angegeben. Die wichtigsten Gattungen, die der neuen Nomenklatur zum Opfer gefallen sind, finden Sie auf Seite 58.

Erläuterungen zum Porträtteil

Auf den folgenden Seiten finden Sie für die Zimmerkultur geeignete Kakteen, die in alphabetischer Reihenfolge des botanischen Gattungsnamens aufgeführt werden. Zu Beginn erfahren Sie immer die Anzahl der offiziell beschriebenen Arten. Weiter werden aufgelistet:
<u>Heimat.</u> Das Verbreitungsgebiet des Kaktus, hieraus ergeben sich oft schon wichtige Hinweise zu den Pflegeansprüchen.
<u>Wuchs.</u> Hier kommen Angaben über Körperform und Wachstum.
<u>Dornen.</u> Jede Art hat ganz charakteristische Dornen.
<u>Blüte.</u> Angaben zu Form und Größe, Farbpalette.
<u>Blütezeit:</u> Durch Witterung und Pflegemaßnahmen können sich auch Abweichungen von dem hier angegebenen Termin ergeben.
<u>Pflege.</u> Es werden vorwiegend die Besonderheiten aufgeführt. Allgemein beachten Sie zur Pflege die Seiten 18 bis 22.
<u>Besonderheit.</u> Hier werden, sofern vorhanden, noch weitere bemerkenswerte Einzelheiten genannt, beispielsweise zur Vermehrung. Allgemein beachten Sie hierzu die Seiten 28 bis 31.
<u>Empfehlenswerte Arten.</u> Die wichtigsten Vertreter aus dem handelsüblichen Sortiment.

Benennung und Erläuterungen

Der Saguarokaktus (Carnegiea gigantea) prägt die Landschaften in weiten Teilen von Arizona, Kalifornien und Mexiko. Am Naturstandort wird er bis zu 20 m hoch. Im Wohnzimmer erreicht er diese Ausmaße bei weitem nicht und kommt so gut wie nie zur Blüte. Liebhaber finden diesen Säulenkaktus dennoch durchaus reizvoll.

Kakteen im Porträt

Bischofsmütze, Astrophytum myriostigma.

Astrophytum capricorne.

Astrophytum

6 Arten mit vielen Standortvarietäten. Fast alle Astrophyten (Sternpflanzen) haben typische weiße bis hellgraue Wollflöckchen auf der Oberhaut.
Heimat: Mexiko.
Wuchs: Flachkugelig, kugelig bis kurzzylindrisch, im hohen Alter auch säulig, bis zu 1 m hoch. Selten sprossend. Meist 5-8 tiefe Rippen, bei wenigen abgerundet oder flach (*A. asterias*), Kanten oft eng mit filzigen Areolen besetzt.
Dornen: Einige Arten sind dornenlos, wie Bischofsmütze (*A. myriostigma*, → Foto S.38 links) und Seesternkaktus (*A. asterias*). Andere besitzen bis zu 8 cm lange, gebogene, gelbe, später vergrauende, harte, stechende Dornen (*A. ornatum*) oder gelbe, braune bis tiefschwarze, papierartig abgeflachte, gebogene, wirr den Körper einhüllende Dornen (*A. capricorne*, → Foto S.38 rechts, *A. senilis*).
Blüte: Bis 6 cm groß mit bewollter, geschuppter Röhre. Hell- bis kräftig gelb mit einer oft leuchtend orangen bis rotbraunen Mitte. Sie erscheinen aus dem Scheitel.
Blütezeit: Frühjahr und Sommer.
Pflege: Überwinterung bei 6-10°C, hell und trocken. Substrat locker, überwiegend mineralisch.
Besonderheit: Astrophyten hybridisieren gerne.
Empfehlenswerte Arten: Alle, außer der schwieriger zu kultivierenden *A. coahuilense*.

Cephalocereus

Nur zwei Arten, *Cephalocereus senilis* (→ Seite 39 links) und *C. hoppenstedtii* (früher *Haseltonia*).
Heimat: Mexico.
Wuchs: Säule mit 20-30 flachen Rippen und hellgrüner, vergrauender Oberhaut. Im hohen Alter bis über 10 m hoch und 60 cm dick. Sproßt nur nach Verletzung. Bildet ab 6 m Höhe ein zuerst einseitiges, später stammumfassendes Pseudocephalium aus dicht stehenden Areolen mit

Astrophytum – Cleistocactus

Greisenhaupt, Cephalocereus senilis.

Cleistocactus buchtienii.

weißlicher bis schmutziggelber Wolle.
Dornen: Je Areole 3-5 gelbliche oder graue bis 4 cm lange Dornen und 20-30 weiße oder leicht graue, borstige Haare. Haare bis 12 cm lang, meist nach unten gerichtet und verflochten. Alte Pflanzen verlieren im unteren Teil die Haare.
Blüten: In Kultur sind keine Blüten zu erwarten. Diese erscheinen einseitig aus dem Pseudocephalium, das sich erst ab 6 m Höhe bildet. Sie sind trichterförmig, behaart, übelriechend, rosafarben bis gelblich-weiß, bis zu 9 cm groß.
Pflege: Im Sommer Nebeln und Besprühen. Nicht übertreiben, da sonst die Haare verkleben und vergrauen! Wurzelecht kultivierte Pflanzen vorsichtig gießen, Staunässe unbedingt vermeiden. Wurzelhals in grobes Substrat betten (→ Seite 25). Hell überwintern bei 15 °C, nicht unter 10 °C.
Besonderheit: Pfropfungen auf *Echinopsis pachanoi* sind sehr pflegeleicht.

Cleistocactus

Pflegeleichte Gattung mit über 50 Arten.
Heimat: Bolivien, Argentinien, Peru, Paraguay und Uruguay, in Höhen bis zu 3 000 m.
Wuchs: Schlanke, vielrippige Triebe mit 3-6 cm Durchmesser, bis zu 4 m hoch.
Dornen: Nadelig dünn, fein, oft borstenartig, strahlig, den Körper dicht einhüllend.
Blüten: Schlank langröhrig, bis 9 cm lang. Der Griffel steht oft weit hervor, denn die Blüte wird durch Kolibris bestäubt. Die Blütenblätter öffnen sich kaum. Sie sind weiß, gelb, rot bis weinrot, orange mit rot oder rot mit grün gefärbt.
Blütezeit: Frühjahr.
Pflege: Im Sommer gut bewässern und niemals trocken stehen lassen. Überwinterung fast trocken bei 5-10 °C.
Besonderheit: *Cleistocactus strausii* mit weißen Dornen und weinroten Blüten ist eine gute Kübelpflanze.
Empfehlenswerte Arten: *C. laniceps* (rot), *C. buchtienii* (rot, → S.39 rechts).

Copiapoa

Beschrieben sind etwa 48 Arten mit 7 Varietäten.
Heimat: Nord- bis Mittelchile.
Wuchs: Kugelig, polsterbildend, im Alter teils säulig, bis 1 m hoch. Auch Zwergformen mit verdickten Rübenwurzeln. Körperfarbe von mehligweiß über grau und grün bis braun.
Dornen: Sehr unterschiedlich, weiß, gelb, braun oder schwarz. Bei großen Formen derb.
Blüte: Kugelige Formen blühen jung, säulige erst im Alter. Hellgelb bis gelb, kurzröhrig und glockig.
Blütezeit: Frühjahr bis Sommer.
Pflege: Im Sommer im Halbschatten trocken halten, Wachstum im Herbst.
Empfehlenswerte Arten: *Copiapoa cinerea* und ihre Varietäten (graublau bereift), *C. haseltonia* und *C. krainziana* (langsam wachsend), *C. hypogea* (→ Foto S. 40 oben), *C. humilis* und *C. tenuissima* (Zwergformen).

Copiapoa hypogea, eine Zwergform.

Coryphantha

Die Gattung umfaßt rund 70 Arten und gehört zu den Warzenkakteen. Das typische Merkmal dieser Gattung ist die geteilte Areole: an der Oberseite der Warze verläuft eine Furche von der Dornenareole bis fast zur Axille.
Heimat: Kanada, USA, Mexiko.
Wuchs: Kugelig, eiförmig und selten keulenförmig, bis 20 cm Höhe, kaum sprossend, kleine Gruppen bildend. Die Warzen sind meist breit und wuchtig, stumpf bis länglich kegelförmig und mit kräftigen, kurzen Dornen bewehrt. Unterschieden werden 2 Gruppen:

• *Recurvatae* mit Honigdrüsen in der Furche oder Axille.
• *Sulcolanatae* ohne Drüsen.
Viele Coryphanthen bilden dichte, weiße Axillenwolle aus.
Dornen: Kräftig, die Randdornen strahlig, oft den Körper umhüllend, weiß, grau, gelb bis bräunlich. Mitteldornen oft nur einzeln, gerade oder nach unten gekrümmt, selten gehakt, kräftig, braun bis schwärzlich, dunkelgespitzt.
Blüte: Erscheint im Scheitel zentral aus den frischen Areolenfurchen. Sie sind bis 6 cm groß, meist gelb, manche weiß, lilarosa bis zu kräftigem Rot variierend.
Blütezeit: Frühjahr und Sommer.
Pflege: Coryphanthen

Coryphanta elephantidens.

Copiapoa – Echinocactus

sind dankbare, blühfreudige Kakteen, die bei Wärme, viel Licht und Sonne und reichlichem Gießen keine Pflegeschwierigkeiten bereiten. Überwinterung kühl (5-8 °C) und trocken.
Besonderheit: Leicht durch Samen zu vermehren.
Empfehlenswerte Arten: *C. elephantidens* (weiß bis tiefrot, → Foto S.40 unten), *C. pseudechina* (violett), *C. sulcata, C. asterias* und *C. palmeri* (gelb).

Goldkugelkaktus, Echinocactus grusonii und E. grusonii f. alba.

Echinocactus

Etwa 10 Arten, die alle sehr groß werden.
Heimat: Mexico, Südstaaten der USA.
Wuchs: Flachkugelig bis kugelig, im hohen Alter säulenförmig. Bis zu 80 cm dick und 1,5 m hoch. Nur sehr selten sprossend. Der lebhaft grün bis reifig graugrün gefärbte Körper ist vielrippig, in der Jugendform sind die Rippen noch in Höcker aufgelöst. Der Scheitel ist stark wollig.
Dornen: Wehrhaft und kompakt bedornt. Die kräftigen, krallig gebogenen, quergeringelten Randdornen umfassen den Körper, die etwa 4 cm langen kantigen Mitteldornen stehen leicht nach unten gebogen ab. Bei *E. grusonii* sind die Dornen goldgelb, im Neutrieb rotgelb, bei anderen Arten braungrau, rötlichbraun oder bernsteinfarben, oft schwarz gespitzt.
Blüten: Die Blüten erscheinen erst bei sehr alten Pflanzen aus der dichten Scheitelwolle. *E. grusonii* besitzt strohig gelbe Blüten, die bei Pflanzen ab etwa 60 cm Durchmesser im Kranz erscheinen. Ausnahme ist *E. horizonthalonius*, der schon in jüngeren Jahren bei sehr sonnigem Stand seine rosaviolett gefärbten, seidig glänzenden Blüten zeigt.
Blütezeit: Sommer.
Pflege: Im Sommer warmer, sonniger Standort, nur *E. grusonii* vor zu großer Hitze schützen, sonst färbt er sich hell und bildet Falten. Gut bewässern und düngen. Überwinterung um 10 °C bei geringen Wassergaben. Auch kühlere, aber dann trockene Überwinterung möglich.
Besonderheit: Wächst sehr gut in Schalen. Ältere Exemplare sind attraktive Kübelpflanzen.
Empfehlenswerte Arten: *E. grusonii* und seine weißbedornte Form *E. grusonii* f. *alba* (→ Foto S.41); *E. horizonthalonius* braucht warmen bis heißen und sonnigen Stand.

Kakteen im Porträt

Echinocereus

Die Gattung ist mit etwa 80 Arten sehr umfangreich.
Heimat: Südwest-USA und Mexico.
Wuchs: Selten einzeln, die Mehrzahl sproßt von der Basis her sehr stark und bildet im Alter kleinere oder quadratmetergroße, bis zu 1 m hohe Gruppen. Man unterscheidet:
• »Grüne«, also nur locker bedornte Arten, bei denen die Farbe der Oberhaut ungemindert zur Wirkung kommt. Deren Triebe können lang, dünn, vierkantig, niederliegend oder dick, klobig, langzylindrisch und mehrrippig (etwa 12) sein.
• Arten mit dichten, kammförmigen (pectinaten) Dornen, deren Triebe vielrippiger und kantiger wachsen. Die Rippenkanten sind dicht und lückenlos mit Areolen besetzt und wirken wie gebändert. Die pectinaten Formen wachsen langsamer als die grünen.
Dornen: Zwischen den kurzen, nur einige Millimeter langen, kammförmig (pectinat) angeordneten und den dolchartigen, zweifarbigen bis zu 8 cm langen Dornen grüner Arten, sind viele Übergangsformen vorhanden, sogar beborstete und behaarte (*E. longisetus*, *E. delaetii*). Während bei den grünen Arten weiße, gelbe, graue bis braune und schwarze Dornen vorkommen, sind die pectinaten Arten mit prächtigen gelbroten, roten und rotbraunen Dornen ausgestattet, die oft ringförmig die Farbe wechseln.
Blüte: Hält oft bis zu einer Woche bei luftigem Stand. Sie wird bis zu 12 cm groß und ist sehr farbenprächtig. Ein besonderes Merkmal ist die grüne Farbe des Griffels. Die Blütenröhre ist nadelig bedornt. Die Blütenfarben reichen von gelb, orange, hellrosa, leuchtend rot, bis tief violett, bei den pectinaten Arten mit meist grünem und weißem Ring. Wenige Arten blühen auch grüngelb mit bräunlichem Mittelstreif.
Blütezeit: Je nach Art zeitiges Frühjahr bis in den Sommer.

Echinocereus pailanus.

Pflege: Echinocereen sind pflegeleicht, wenn sie im Winter konsequent kühl (5-10 °C), möglichst hell und völlig trocken gehalten werden. Substrate mit überwiegend mineralischen Bestandteilen sind empfehlenswert. Den Sommer über reichlich gießen, luftig aufstellen und vor Verbrennungen schützen. Die weichfleischigen Triebe sind oft sehr anfällig gegen die Rote Spinnmilbe (→ Seite 32). Vorbeugend hilft häufiges Nebeln, besonders in den Abendstunden. Mehrere der grünen Arten können zunächst im Frühbeet und dann

Echinocereus – Echinofossulocactus

im Sommer direkt im Freien gehalten werden. Wenige sind sogar winterhart und überdauern an einem sonnigen, aber geschützten Platz im Steingarten oder vor Hausmauern das ganze Jahr im Freien (*E. triglochidiatus*). Ab Ende September werden die Echonocereen weniger gegossen und auch vor Regen geschützt, um sie auf die Winterruhe vorzubereiten. Sie schrumpfen oft ziemlich stark ein, füllen sich aber im Frühjahr nach den ersten Wassergaben sehr schnell wieder. Die beborsteten oder behaarten Arten sind nässeempfindlich, also vorsichtiger gießen!

Besonderheit: Sehr gut für Schalen geeignet sind die grünen, langgliedrigen, auch niederliegenden Arten, die im Alter durch ihre starke Sprossung kleine Gruppen bilden (*E. durangensis*, *E. scheerii*, *E. moricalli*).

Empfehlenswerte Arten: Alle, wer jedoch wenig Platz hat, sollte sich mehr auf die pectinaten Arten wie *E. fitchii* und *E. rigidissimus* verlegen.

Echinofossulocactus

Etwa 30 Arten der nach ihrem Aussehen »Lamellenkakteen« genannten Pflanzen sind bekannt. Manchmal werden sie heute auch unter der Gattung *Stenocactus* geführt.

Heimat: Wiesenbewohner aus dem Mittelmexikanischen Bergland.

Wuchs: Kugelig mit etwa 10 bis 100 tiefen, kantigen, meist gewellten Rippen. In der Jugend meist solitär, im Alter mehr kurzsäulig und stark sprossend.

Dornen: Je nach Art spärlich bis dicht bedornt. Weiße und dünne Randdornen, lange, kräftige Mitteldornen, oft wie Hörner geschwungen. Der nach oben stehende Mitteldorn ist abgeplattet, kurz, dolchartig, oder bis zu 8 cm lang, gewellt oder sogar geringelt.

Blüte: Sie entspringt zentral aus dem Scheitel und wird bis etwa 4 cm groß. Sie überragt die Dornen nur selten. Weißlich bis blauviolett mit dunklerem Mittelstreifen oder gelb, weißlich bis cremefarben mit dunklem Rückenstreifen.

Blütezeit: Zeitiges Frühjahr.

Pflege: Gedeiht auch an hellen Standorten mit wenig direkter Sonne. Humoses, wasserdurchlässiges Substrat erforderlich. Im Sommer gut gießen und düngen. Trocken und kühl überwintern. Nur wurzelecht kultivieren.

Besonderheit: Die Arten kreuzen sich sehr leicht untereinander und eignen sich gut für die ersten Bestäubungsversuche (→ Seite 29).

Empfehlenswerte Arten: Alle Vertreter sind dankbare Anfängerpflanzen und zuverlässige Blüher.

Echinofossulocactus penthacanthus.

E. arrigens.

Echinopsis

Derzeit zählen dazu folgende Gattungen: *Chamaecereus, Helianthocereus, Lobivia, Pseudolobivia, Reicheocactus, Soehrensia* und *Trichocereus*.
Die Gattung Echinopsis (→ Foto S. 4 Mitte) umfaßt etwa 70 Arten mit vielen Varietäten. Sie kommt vor in Bolivien, Argentinien, Paraguay, Uruguay und Brasilien. Die gerippten Körper sind kugelig bis kurzsäulig, die Dornen sehr unterschiedlich, von kurz bis lang, weiß, grau oder schwarz. Die oft duftenden, langröhrigen Trichterblüten erscheinen vom Frühjahr bis zum Sommer in Weiß oder Lila. Alle hier aufgeführten Gattungen sind pflegeleicht in humoser, durchlässiger Erde und blühen im Frühjahr. Im Sommer ist die Kultur im Freien bei sonnigem bis halbschattigen Stand sehr empfehlenswert. Kühl (5-10 °C), hell und trocken überwintern. Ältere Exemplare sind attraktive Kübelpflanzen, einige Arten auch sehr gute Pfropfunterlagen.

Frühere Gattung
Chamaecereus

1 Art, *Ch. silvestrii* (→ Foto S. 44 oben).
Heimat: Argentinien.
Wuchs: Verzweigte, fingerlange, bis 1,5 cm dicke, flach gerippte Triebe, polsterbildend.
Dornen: Kurz, weißlich.
Blüten: Trichterförmig, erscheinen zahlreich rund um den Trieb, leuchtend rot, bis 4 cm groß.
Besonderheit: Es gibt viele Hybriden mit gelben bis violetten Farbtönen und eine chlorophyllose gelbe Form, die nur gepfropt lebensfähig ist (Bananenkaktus).

Frühere Gattung
Trichocereus

Etwa 50 Arten.
Heimat: Ecuador, Argentinien, Chile.
Wuchs: Verzweigte, baumförmige Säulen, 6-10 m hoch und bis zu 45 cm Durchmesser, oder nur bis 50 cm hoch und niederliegend bis kriechend.
Dornen: Teils fehlend, teils bis 15 cm lang und hart.
Blüte: Erscheint aus dem Scheitel, trichterig, weiß-rosa, duftend, bis 23 cm lang.
Besonderheit: Gute Kübelpflanze.
Empfehlenswerte Arten: *Echinopsis* (alle früher *Trichocereus*) *spachiana* (→ Foto S. 44 unten), *E. fulvilana*, *E. candicans*.

Echinopsis chamaecereus.

Echinopsis spachiana.

Echinopsis

Frühere Gattung
Lobivia

Umfaßt etwa 106 Arten mit vielen Varietäten.
Heimat: Bolivien, Peru, Argentinien und Chile.
Wuchs: Kugelig bis kurzsäulig, 3-12 cm Durchmesser, 6, 12, oder 30 Rippen, die in schmale, kantige Höcker unterteilt sind. Lobivien sprossen meist stark und bilden kleine Gruppen.
Dornen: Je nach Art dünn, biegsam, hartborstig, stechend, kurz und anliegend oder sehr lang, leicht gebogen, manchmal gehakt, gelb, braun, grau oder schwarz.
Blüte: Erscheint seitlich, gelb, orange, tomatenrot, rosa oder lila, oft mit hellem oder dunklem Schlund, kurz- bis langröhrig, trichterförmig, bis zu 10 cm lang und 6-10 cm im Durchmesser.
Besonderheit: Geräumiges Gefäß für Rübenwurzel und Sprosse wählen.
Empfehlenswerte Arten: *Echinopsis* (alle früher *Lobivia*) *rebutioides* (gelb), *E. famatimensis* (gelb, kurze, kammartige Dornenanordnung), *E. jajoiana*, *E. mistiensis*, *E. wrightiana* (rosa, lange Dornen, oft gehakt, → Foto S.45 oben), *Echinopsis maximiliana* (→ Foto S.45 unten).

Echinopsis (früher Lobivia) wrightiana.

Echinopsis maximiliana.

Die frühere Gattung *Pseudolobivia* (ohne Bild) umfaßt etwa 24 Arten und ist von Argentinien bis Bolivien beheimatet. Sie wächst etwas flachkugeliger und sproßt nur selten. Die Blüten weiß, oft mit rosa Rand, oder gelb, rot und dunkelkarminrot.

Epiphyllum-Hybriden

Etwa 10 000 Hybriden, entstanden durch Kreuzung von *Epiphyllum* mit *Heliocereus*, *Selenicereus* und anderen Gattungen. Früher unter *Phyllocactus* eingeordnet.
Heimat: Wildformen von *Epiphyllum* stammen aus Südmexiko und dem tropischen Südamerika.
Wuchs: Strauchartiger Blattkaktus mit zwei-, drei- bis vierkantigen Trieben von 40-100 cm Länge.
Dornen: Wenige, unscheinbare, glasige Dornen.
Blüte: Erscheint aus den Areolen und mißt bis zu 25 cm. Weiß, gelb, orange, rosa, rot und tief violett.
Blütezeit: Frühjahr.
Pflege: Humoses Substrat und große, standfeste Gefäße verwenden. Im Sommer im Halbschatten ins Freie. Überwinterung hell bei 8-15 °C. Gelegentlich ganz leicht gießen.
Besonderheit: Blühfreudige Kübelpflanze.
Empfehlenswerte Hybriden: Alle (→ Foto Seite 46).

Eriosyce

Hierzu zählen jetzt die Gattungen *Neochilenia* und *Neoporteria*.
Von Eriosyce selbst (ohne Bild) gibt es nur 1 Art *E. ceratites* mit 7 Varietäten, deren Heimat ist Chile. Die Kugelkakteen werden bis 50 cm breit und 1 m hoch. Die Dornen sind dick und schwarz, die roten Blüten erscheinen erst im Alter.

Frühere Gattung
Neochilenia

Sie umfaßt etwa 55 Arten, alle mit Rübenwurzeln.
Heimat: Chile.
Wuchs: Kugelig bis kurzzylindrisch, nur 5-15 cm hoch. Oberhaut rötlich, dunkelbraun bis schwärzlich, selten hellgrün.
Dornen: Je nach Art derb, lang, gerade oder leicht gebogen, schwarz oder grau. Oder am Körper anliegend, starr und kurz, einige mit weißen Haaren.
Blüte: Erscheint aus dem Scheitel. Trichterförmig und bis 5 cm groß, weiß, creme, rosa, gelb, orange, kupfer.

Epiphyllum-Hybride.

Blütezeit: Zeitiges Frühjahr bis in den Sommer.
Pflege: Etwas schwierig, besser gepfropft in mineralischem Substrat ziehen. Im Sommer warm und sonnig. Bei wurzelechter Haltung Wachstumsruhe im Hochsommer beachten. Überwinterung kühl, hell und trocken bei 5-10 °C.
Empfehlenswerte Arten: *E.* (früher alle *Neochilenia*) *hankeana* (cremeweiß), *E. mitis* (cremegelb), *E. occulta* (blaß goldgelb), *E. paucicostata* (lachsfarben, → Foto S. 47 unten rechts).

Epiphyllum – Espostoa

Frühere Gattung
Neoporteria

Umfaßt etwa 22 Arten.
Heimat: Chile.
Wuchs: Kugelig, im Alter kurzsäulig, nur selten sprossend. Bis 10 cm dick und etwa 15 – 20 cm hoch. Oberhaut hell- bis graugrün, teils violett gefärbt.
Dornen: Je nach Art gelbe oder weißlichgraue, nestartig den Körper umhüllende lange Borstendornen, schwarze, leicht gekrümmte, derbe Dornen (*E. rapifera*) oder gerade, 4 cm lange Borstendornen (*E. villosa*) mit zahlreichen gelben Randdornen oder etwa 2-3 cm lange, gerade, bernsteinfarbene, derbe Dornen (*E. subgibbosa*).
Blüte: Erscheint aus der Scheitelregion, je nach Art lang- oder kurzröhrig, bis zu 5 cm lang. Äußere Blütenblätter öffnen sich weit, die inneren bleiben geschlossen. Rot oder weiß bis strohfarben mit roten oder rosa Spitzen.
Blütezeit: Winter und zeitiges Frühjahr.
Pflege: Mineralisches, durchlässiges Substrat.

Eriosyce (früher Neoporteria) nigrihorrida.

Im Sommer warm und sonnig. Überwinterung kühl (5-10 °C), hell und trocken. Winterblüher etwas wärmer halten und vorsichtig gießen.
Empfehlenswerte Arten: *Eriosyce nidus*, *E. gerocephala*, *E. senilis*, *E. multicolor*, *E. villosa*, *E. rapifera*.

Espostoa

Etwa 17 Arten mit 6 Varietäten
Heimat: Ecuador, Peru und Bolivien.
Wuchs: Strauchige bis baumförmige Säulen, teils kandelaberartig verzweigt, 2-7 m hoch.
Dornen: Randdornen kurz, weiß, gelblich oder rot. Lange Mitteldornen, gelb bis rötlich. Oft weiß behaart.
Blüte: Erscheint im Alter aus einem weißen bis fuchsroten Cephalium, glockig, weiß bis gelblich, 5-8 cm groß.
Blütezeit: Frühjahr.
Pflege: Kühl, hell und trocken (6-12 °C) überwintern.
Empfehlenswerte Arten: *E. melanostele* (→ Foto unten links), *E. mirabilis*, *E. lanata*.

Espostoa melanostele.

Eriosyce paucicostata.

Kakteen im Porträt

Ferocactus

Etwa 35 Arten.
Heimat: Südwest-USA, Mexico.
Wuchs: Flachkugelig, kugelig bis leicht säulig, im Alter bis zu 50 cm dick und 3 m hoch. Kaum sprossend. Je nach Art 11 bis 25 tiefe, kantige Rippen. Oberhaut dunkel- bis blaugrün.
Dornen: Meist sehr kräftig, Mitteldornen bis zu 12 cm lang, oft sehr dick, gerade, gebogen, gedreht, quergeringelt, einer oft abgeflacht und hakig nach unten gekrümmt. Im Neutrieb gelb, grünlich oder leuchtend orange bis rot gefärbt, wobei viele die intensive Färbung beibehalten.
Blüte: Erscheint bei älteren Pflanzen im Scheitel. Bis 5 cm groß, kurz trichterig, meist gelb, mitunter orange bis purpurviolett.
Blütezeit: Frühjahr, manchmal im Herbst.
Pflege: Nährstoffreiches, gut wasserdurchlässiges Substrat. Im Sommer möglichst vollsonniger Stand und gute Bewässerung, im Winter kühl (6-12°C), hell und trocken.

Ferocactus histrix mit besonders üppiger Blüte.

Besonderheit: Attraktive Kübelpflanzen.
Empfehlenswerte Arten: *Ferocactus latispinus*, auch Teufelszunge genannt wegen seiner breiten, roten Mitteldornen, *F. glaucescens* (blüht schon sehr jung), *F. wislizenii*, und *F. histrix* (→ Foto Seite 48).

Gymnocalycium

Über 80 Arten, die sich gut für Anfänger eignen.
Heimat: Südbrasilien, Bolivien, Argentinien, Uruguay, Paraguay.
Wuchs: Flachkugelig bis kugelig, selten zylindrisch, meist an der Basis sprossend und flache, dicke Gruppen bildend. Etwa 15 cm im Durchmesser und 20 cm hoch. 8-15 breite Rippen, hell- oder dunkelgrün bis matt grüngrau und bräunlich. Typisch die Höcker im Scheitel.
Dornen: Je nach Art mit anliegenden oder abstehenden Dornen.

Ferocactus – Hatiora

Die ersteren sind dünn und starr, liegen oft spinnenförmig am Körper, sind gelb bis grauweißlich mit rötlichbraunem Fuß und wenige mm bis zu 4 cm lang. Die abstehenden Dornen folgen in der seitlichen Krümmung etwa der Körperform, sie sind gelb, weißlich, rotbraun bis schwarz.
Blüten: Zentral aus dem Scheitel, bis zu 6 cm Durchmesser, weiß (oft mit rotem Schlund), cremefarben, gelb, rosa bis tiefrot oder weinrot. Die kurze bis schlanke Röhre ist nackt und mit kahlen Schuppen besetzt, daher kommt der Name, der »die Nacktkelchige« bedeutet.
Blütezeit: Frühjahr bis Sommer.
Pflege: Da die meisten Arten Wiesenbewohner sind, benötigen sie nicht unbedingt volle Sonne. Im Sommer reichlich gießen, sie können auch im Freien unter Regenschutz gehalten werden. Überwinterung kühl (5-10°C), trocken und hell. Gepfropft werden muß nur die gelbe bis rote chlorophyllose Form *G. mihanovichii* 'Hibotan' (→ Foto Seite 32 links).
Besonderheit: Sprosse bilden oft schon an der Mutterpflanze Wurzeln.
Empfehlenswerte Arten: Alle, besonders *Gymnocalycium quehlianum, G. multiflorum, G. uruguayense* (→ Foto S. 49 unten links), *G. baldianum* (→ Foto Seite 49 unten rechts), *G. andreae, G. bruchii* und *G. denudatum*.

Hatiora (früher Epiphyllopsis) gaertneri.

Hatiora

5 Arten mit 5 Varietäten, *Rhipsalidopsis* und *Epiphyllopsis* werden heute dazugerechnet.
Heimat: Brasilien.
Wuchs: Kleine, strauchige Aufsitzerpflanze. Triebe aus breiten bis keuligen Blattgliedern.
Dornen: Borstenfein, gelbbraun bis -weiß.
Blüte: Glockig bis radförmig, gelb, orange, rosa bis scharlachrot.
Blütezeit: Zeitiges Frühjahr.
Pflege: Humusreiches Substrat, gut gießen und düngen. Im Sommer im Freien im Halbschatten. Überwinterung feucht und nicht unter 15 °C.
Besonderheit: Schöne Ampelpflanzen.
Empfehlenswerte Arten: *Hatiora gaertneri* (früher *Epiphyllopsis*, → Foto Seite 49 oben) und deren Hybriden (rot bis rosa); *H. rosea* (früher *Rhipsalidopsis rosea*, wasserempfindlich); *H. salicornioides* (gelb, dünne, lange Triebe).

G. uruguayense.

G.-Baldianum-Hybride.

Kakteen im Porträt

Mammillaria

Der Name ist abgeleitet aus dem Lateinischen Mamma = mamilla = Warze. Statt Rippen besitzen sie Warzen (→ Seite 10). Es gibt etwa 350 Arten mit vielen Varietäten, *Dolichothele* und *Pseudomammillaria* werden jetzt dazugerechnet.
Heimat: Südstaaten der USA, Mexiko, Guatemala, Honduras, Westindien, Venezuela und Kolumbien.
Wuchs: Flachkugelig (dann häufig mit Rübenwurzel), kugelig bis schlank- und dicksäulig. Teils einzeln wachsend, teils stark sprossend. Höhe wenige bis über 50 cm.
Dornen: Gerade, gebogen, hakig, gefiedert, pectinat (kammförmig), biegsam oder starr, weiß, gelb, rot, braun oder schwarz. Oft Axillenwolle.
Blüten: Erscheinen meist im Kranz um die Scheitelregion. Klein (1-2 cm), trichterig bis glockig, weißlich, cremefarben, gelblich, rosa, karmin bis dunkellila, oft mit dunklem Mittelstreif. Wenige Arten mit 3-4 cm großen Blüten.
Pflege: Blühwillig und pflegeleicht. Hell, kühl (8-10 °C) und trocken überwintern.
Empfehlenswerte Arten: Alle, besonders *M. yaquensis* und *M. perezdelarosa* (→ Fotos S.50); *M. carmenae* (weißlich-gelbe, rosa angehauchte Blüten). Großblütige Zwergmammillarien: *M. theresae*, *M. goldii* und *M. saboe*.

Frühere Gattungen
Dolichothele und Pseudomammillaria

13 Arten mit ausgeprägter Rübenwurzel.
Heimat: USA/Texas und Mittelmexico.
Wuchs: Wie Mammillaria. Glänzend grüne, glatte Oberhaut.
Dornen: Areolen weißfilzig mit dünnen, weißen bis blaßgelben Randdornen. Mitteldornen stechend oder gehakt, gelb oder bräunlich.
Blüten: Erscheinen kranzförmig in Scheitelnähe. Bei großblütigen Arten (*M. longimamma*) bis zu 6 cm. Gelbe, oft leicht rötlich

Mammillaria perezdelarosa.

Mammillaria yaquensis, Frucht und Blüte.

Mammillaria – Neolloydia

Melocactus uebelmannianus.

Neolloydia conoidea var. grandiflora.

gespitzte Blütenblätter oder weiße mit rosa Mittelstreif.
Blütezeit: Frühjahr bis Sommer.
Pflege: Fast alle Arten pflegeleicht. Humoses und durchlässiges Substrat. Im Sommer hell und warm bei mäßiger Feuchtigkeit. Vor großer Hitze schützen. Überwinterung kühl (5-10 °C), hell und trocken. *M. melaleuca* und *M. zephyranthoides* besser gepfropft halten.
Besonderheit: Geräumige Gefäße wählen (Rübenwurzel und starke Sprossung).
Empfehlenswerte Arten: Alle für Anfänger gut geeignet.

Melocactus

Etwa 66 Arten mit 6 Varietäten.
Heimat: Mexiko, Guatemala, Honduras, Peru, Brasilien.
Wuchs: Kugelig bis zylindrisch, selten sprossend. Nach etwa 7 Jahren bildet sich am Scheitel ein Cephalium.
Dornen: Kräftig, schwarz, gelb oder rotbraun. Mitteldorn bis 10 cm lang.
Blüte: Erscheint kranzförmig aus dem Cephalium, rötlich, bis 1 cm Durchmesser.
Blütezeit: Je nach Art Frühjahr bis Herbst.
Pflege: Wasserdurchlässiges, nährstoffreiches Substrat. Nicht kühler als 15 °C und feucht überwintern.
Besonderheit: Idealer Fensterbrettkaktus für warme Überwinterung.
Empfehlenswerte Arten: Alle, *M. uebelmannianus* (→ Foto Seite 51 links).

Neolloydia

Etwa 10 Arten mit wenigen Varietäten, dazu zählen jetzt auch die Gattungen *Gymnocactus*, *Normanbokea*, *Rapicactus* und *Turbinicarpus*.
Heimat: USA, Mexiko, und Kuba.
Wuchs: Klein, eiförmig bis zylindrisch, grau bis blaugrün, sprossend und rasenförmig wachsend.
Dornen: 10-15 helle Randdornen, anliegend oder kammartig, Mitteldornen länger, weiß, grau bis braun.
Blüte: 8-14 cm Durchmesser, grüngelb, gelb, rosa, purpurviolett.
Blütezeit: Frühjahr.
Pflege: Mineralisches Substrat, vorsichtig gießen und Wurzelhals trocken halten, vollsonniger Standort. Kühl (5-10 °C), hell und trocken überwintern.
Empfohlene Arten: *Neolloydia conoidea* var. *grandiflora*, (→ Foto Seite 51 rechts), *N. matehualensis* (alle purpurviolett).

Kakteen im Porträt

Opuntia

»Feigenkaktus« mit über 300 Arten.
Heimat: Kanada bis Patagonien, eingeschleppt in die Mittelmeerländer und nach Australien.
Wuchs: Dickfleischige, runde oder ovale Blätter, bis zu 30 cm lang, grün bis blaugrün. Kriechend, busch-, strauch- oder baumartig, bis zu 12 m hoch.
Dornen: Vielgestaltig, oft mit argen Widerhaken.
Blüte: Becherförmig, bis 10 cm groß, weiß, gelb, orange, rot und violett.
Pflege: Anspruchslos, aber oft zu schnellwüchsig. Sonniger, warmer Standort, nahrhafte, sandige Erde. Überwinterung hell, kühl (5-10 °C) und trocken.
Besonderheit: Feigenartige, gelbe bis rote, eßbare Früchte. Einige Arten winterhart, auf gute Drainage achten.
Empfehlenswerte Arten: *O. microdasys* (gelb), *O. scheerii*, *O. azurea* (rotgelb), *O. hystricina* var. *bensonii* (→ Foto Seite 52).

Parodia

Über 80 Arten, inzwischen werden auch die Gattungen *Basilicactus*, *Eriocactus* und *Notocactus* dazugezählt.
Heimat: Südbrasilien, Bolivien, Paraguay und Nordargentinien.
Wuchs: Kugelig bis langgestreckt, einzeln wachsend bis stark sprossend. Bis zu 8 cm dick, 20 cm hoch, hell- bis schwärzlichgrün.
Dornen: Bunt und vielfältig, Randdornen dünn, weiß bis gelb, längere Mitteldornen braun bis schwarz, zum Teil gehakt.
Blüte: Glockig-trichterig, bis 4 cm groß, gelb, orange, kupferfarben oder rot.
Blütezeit: Zeitiges Frühjahr bis Sommer.
Pflege: Durchlässiges, leicht humoses Substrat. Im Sommer sehr hell stellen, aber nicht ins Freie. Hell, kühl (5-10 °C) und trocken überwintern
Empfehlenswerte Arten: *P. chrysacanthion* (gelb), *P. sanguiniflora* (→ Foto Seite 53 unten links), *P. mutabilis* (gelborange), *P. maassii* (rot).

Opuntia hystricina var. bensonii.

Frühere Gattung
Brasilicactus

2 Arten mit Varietäten.
Heimat: Südbrasilien.
Wuchs: Flachkugelig, bis 12 cm Durchmesser und 10-15 cm Höhe, selten sprossend.
Dornen: Fein, nadelig, glashell, weißlich, oder hell- bis goldgelb.
Blüten: Zentral aus dem Scheitel, kurztrichterig, feuerrot, orange bis gelbrot (*P. haselbergii*) oder hellgrün-gelblich (*P. graessneri*).
Pflege: Im Sommer sonniger bis halbschattiger Stand, bei 5-10 °C kühl, hell und trocken überwintern.

Opuntia – Parodia

Parodia (früher Eriocactus) magnifica.

Parodia (früher Brasilicactus) haselbergii.

Frühere Gattung
Eriocactus

Umfaßt 4 Arten.
Heimat: Brasilien, Paraguay.
Wuchs: Kugelig bis säulig, stark sprossend.
Dornen: Randdornen fein, dünn, borstig, auch haarig, weiß bis grau. Mitteldornen nadelig, meist borstig, goldgelb bis braun.
Blüte: Zentral aus dem zum Licht geneigten Scheitel, 5-6 cm groß, trichterförmig, gelb.
Pflege: Im Sommer halbschattiger Standort, gleichmäßig feucht halten.
Empfohlene Arten: Alle *P. magnifica* (→ Foto S.53 oben links).

Frühere Gattung
Notocactus

16 Arten mit vielen Standortvarietäten, alle sind empfehlenswert.
Heimat: Argentinien, Uruguay, Südbrasilien.
Wuchs: Kugelig bis kurzsäulig, 15-20 cm hoch und breit, im Alter sprossend. Nasenförmige Höcker, matt dunkelgrün, oft mit rotbraunem Hauch, bis hell- oder blaugrün.
Dornen: Kurz, strahlig, oder länger, gelb, rotbraun bis schwarz, dünn, biegsam, am Körper anschmiegend, oder strahlige weiße Rand- mit rotbraunen Mitteldornen.
Blüte: Bis zu 8 cm groß, trichterig, gelb, orange, kupferfarben oder rosarot bis tief weinrot. Rosa- bis purpurrot gefärbter Griffel.
Pflege: Während der Blütezeit sehr sonnig stellen. Überwinterung kühl (5-10 °C), hell und trocken.

Parodia sanguiniflora.

Parodia concinna (früher Notocactus concinnus).

Kakteen im Porträt

Rebutia-Hybride.

Rebutia (früher Sulcorebutia) steinbachii.

Rebutia

19 Arten mit vielen Varietäten einschließlich der Gattungen *Aylostera*, *Digitorebutia*, *Mediolobivia*, *Sulcorebutia* und *Weingartia*.
Heimat: Argentinien bis Bolivien.
Wuchs: Flach, kugelig, klein, gruppenbildend, bis 8 cm Durchmesser.
Dornen: Strahlig abstehend, dünnborstig, glasig, weiß, gelblich oder bräunlich.
Blüten: Kleintrichterig, erscheinen kranzförmig, 2 bis 5 cm, weiß, gelb, orange, rot, lilarosa bis violett.
Blütezeit: Frühjahr.
Pflege: Im Sommer sonnig, viel frische Luft, gut bewässern und düngen, humusarmes Substrat. Überwinterung kühl (5-10 °C), hell und völlig trocken.
Empfohlene Arten: Alle, *R. marsoneri* (gelb, rot), *R. violaciflora* (lilaviolett), *R. senilis* (gelb und rot, schöne weiße Dornen).

Frühere Gattung
Aylostera

Etwa 20 Arten mit wenigen Varietäten.
Heimat: Bolivien, Argentinien, Hochanden.
Wuchs: Klein, kugelig bis länglich, polsterbildend.
Dornen: Bis zu 50 pro Areole, kurz, glasig, weiß oder bräunlich.
Blüten: Erscheinen zahlreich in halber Höhe rund um den Körper, 2-4 cm Durchmesser, weiß, gold, orange oder rot.
Pflege: Mineralisches, wasserdurchlässiges Substrat. Im Sommer regengeschützt ins Freie. Kühl (5-10 °C), hell und trocken überwintern.
Empfehlenswerte Arten: *Rebutia* (alle früher *Aylostera*) *deminuta* (feurig orange), *R. muscula* (orange), *R. pseudodeminuta* (blutrot), *R. heliosa* (orange, silbrige Dornen).

Frühere Gattung
Mediolobivia

17 Arten, viele Varietäten.
Heimat: Argentinien.
Wuchs: Kurzzylindrisch, stark sprossend, 2-5 cm breit und bis zu 8 cm hoch.
Dornen: Borstig, weich, fein, biegsam, glashell bis weißlichgelb, unauffällig.
Blüten: Bis zu 5 cm groß, trichterig, erscheinen rund um den Körper. Gelb, orange, rot, karminrot und lachsfarben.
Pflege: Gute Bewässerung im Sommer, lockeres, wasserdurchlässiges, auch humoses Substrat, sonniger

Rebutia

Stand und frische Luft. Kühle (5-10 °C), helle und trockene Überwinterung.
Empfehlenswerte Arten: Alle, besonders *R. aureiflora, R. rauschii* und *R. ritteri.*

Frühere Gattung
Sulcorebutia

20 Arten mit kräftigen Rübenwurzeln.
Heimat: Bolivien, Hochanden.
Wuchs: Klein, kugelig bis zylindrisch, meist sprossend und gruppenbildend, nur 3-8 cm Durchmesser. Oberhaut hell- bis dunkel- oder blaugrün mit oft rötlichem Hauch.
Dornen: Leicht zum Körper gebogen, meist kurz, derb, weiß, gelb, braun bis schwarz.
Blüten: Erscheinen rings um den Körper, breit trichterig, gelb, orange, rosa, rot, dunkelviolett.
Pflege: Mineralisches, durchlässiges Substrat. Dosiert Gießen und Düngen, viel Frischluft und Sonne. Überwinterung kühl (5-10 °C), hell und trocken. **Empfehlenswerte Arten:** Alle, besonders reizvoll

Rebutia (früher Aylostera) heliosa.

Rebutia fabrizii.

Rebutia longigibba.

R. rauschii, R. steinbachii (→ Foto Seite 54 rechts).

Frühere Gattung
Weingartia

15 Arten mit kurzen Rübenwurzeln.
Heimat: Bolivien und Nordargentinien.
Wuchs: Halbkugelig, kugelig bis leicht länglich, bis 15 cm dick und 20 cm hoch, erst spät sprossend und gruppenbildend.
Dornen: Robust, bis 30 Dornen je Areole, weiß, gelb bis hellbraun.
Blüten: Erscheinen kranzförmig und zahlreich, bis 3 cm, kanariengelb bis orangerot, nur bei *R. ambiguum* purpurviolett.
Pflege: Durchlässiges, nahrhaftes, mineralisches Substrat. Im Sommer vollsonniger Stand, regelmäßig gießen und düngen. Überwinterung kühl (5-10 °C), hell und trocken.
Empfehlenswerte Arten: Alle, besonders *R. cumingii, R. neocumingii, R. lanata, R. neumanniana, R. longigibba* (→ Foto Seite 55 unten rechts).

Kakteen im Porträt

Schlumbergera-Hybriden

5 ursprüngliche Arten.
Heimat: Brasilien.
Wuchs: Epiphytisch und strauchartig, mit gegliederten, blattartigen Flachtrieben. Die flachen Glieder 4-5 cm lang und 1,5-2,5 cm breit. Kanten abgerundet oder mit 2-4 nach oben gerichteten Zähnchen ausgestattet.
Dornen: Die Areolen sind mit gelben bis bräunlichen, dünnen Borsten besetzt.
Blüten: Langröhrig, bis 8 cm lang, weiß, gelb, orange, rot, rosa bis violett. Äußere Blütenblätter biegen sich zurück, Staubgefäße und Griffel ragen weit aus der Blütenröhre hervor.
Pflege: Benötigen einen halbschattigen Standort, geschützt vor praller Sonne. Sie können auch als Ampelpflanzen und an lichtärmeren Fenstern gehalten werden. Nach der Blüte braucht die Pflanze eine kurze Ruhezeit. Empfehlenswert ist eine Kultur im Sommer im Freien. Regelmäßig düngen und stets feucht halten.

Selenicereus grandiflorus.

Wenn die Pflanzen Ende September wieder ihren Zimmerplatz erhalten, werden sie durch die geringere Belichtung angeregt, ihre Knospen anzusetzen. Während dieser Zeit möglichst nicht verstellen und Temperaturen von 17-20 °C einhalten.

Selenicereus

Etwa 24 Arten.
Heimat: Südtexas, Ostmexico, Mittelamerika, Westindische Inseln, Nordküste Südamerikas.
Wuchs: Strauchartig, kletternd oder rankend. Schlangenähnliche Triebe mit Luftwurzeln, niedrig gerippt oder kantig, 2-5 cm dick.
Dornen: Ziemlich kurz, ca. 1 cm, zum Teil fehlend, sonst ca. 6 bis 12, glasig-gelblich, nadelig, unscheinbar an kleinen Areolen.
Blüte: Bis 40 cm Durchmesser, duftend, weiß, glockig geformt, breit, abgerundet. Staubgefäße sehr lang, nach oben gebogen. Hüll- und Blütenblätter abstehend, goldgelb bis

Schlumbergera-Hybride.

Schlumbergera – Uebelmannia

Thelocactus bicolor.

Uebelmannia pectinifera.

rotbraun. Öffnen sich in der Dämmerung, blühen nachts und welken am folgenden Morgen.
Blütezeit: Frühjahr.
Pflege: Warmer, halbschattiger Standort, humose, nahrhafte aber luftige Erde, regelmäßig gießen und düngen. Auch im Winter mäßig gießen und bei 12-15 °C halten.
Empfehlenswerte Arten: *S. grandiflorus* (Königin der Nacht), *S. macdonaldiae* (größte Blüte), *S. pteranthus* (Prinzessin der Nacht).

Thelocactus

Etwa 19 Arten mit bunten Dornen.
Heimat: Mexico, Süd-USA.
Wuchs: Kugelig oder kurzzylindrisch, einzeln. Nur *Th. leucanthus* sproßt und bildet kleine Gruppen.
Dornen: Derb, sehr bunt, weiß, gelb, rot, rot-gelb-scheckig, braun und grau. Längere Mitteldornen mitunter abgeflacht und elastisch, asbestartig aufgerauht, breit und längsgerillt, gebogen oder stielrund, starr und stechend.
Blüten: Erscheinen aus der Scheitelmitte, weitglockig bis trichterig, bis zu 6 cm Durchmesser. Weiß, rosa bis tiefrot, purpurrosa mit weißem Ring und rotem Schlund.
Blütezeit: Frühjahr bis Spätsommer.
Pflege: Warmer und sonniger Stand vom Frühjahr bis zum Herbst. Überwintern trocken, hell und kühl (5-10 °C).
Empfehlenswerte Arten: *Th. bicolor* mit vielen Varietäten (→ Foto Seite 57 links), *Th. heterochromus*, Th. *hexaedrophorus*, *Th. schwarzii* (dreifarbige Blüte), *Th. lophothele* (gelb) und *Th. rinconensis* (weiß-rosa) *Th. nidulans* (weiß).

Uebelmannia

Etwa 5 Arten.
Heimat: Ostbrasilien.
Wuchs: Kugelig, im Alter länglich, bis 15 cm im Durchmesser und 50 cm hoch. Sehr harte Oberhaut, 15-40 senkrechte Rippen, teils scharfkantig, teils in Höcker aufgelöst. Bei einigen Formen sind die Areolen wie Bänder angeordnet.
Dornen: Borstenförmig, Areolen bewollt.
Blüte: Klein, trichterförmig, bis 2 cm, gelb.
Blütezeit: Winter.
Pflege: Bei wurzelechter Haltung mineralisches Substrat verwenden. Warmer, vollsonniger Standort und gut lüften, hohe Luftfeuchtigkeit ist vorteilhaft. Hell und leicht feucht überwintern, nicht unter 10 °C.
Besonderheit: Die Gattung zählt zu den streng geschützten Pflanzen. Beim Kauf im Zweifelsfalle CITES-Bescheinigung verlangen! *Uebelmannia* wird in Kultur aus Samen gezogen und fast ausschließlich auf *Hylocereus* gepfropft angeboten.

Sach- und Pflanzenregister

Die **halbfett** gesetzten Seitenzahlen verweisen auf Farbfotos und Zeichnungen. Auf den mit * gekennzeichneten Seiten finden Sie Beschreibung und Pflegehinweise zur jeweiligen Pflanze. U = Umschlagseite.

Änderung der Nomenklatur
Folgende Gattungen sind aufgelöst und denjenigen hinter den Pfeilen zugeordnet:

- *Aylostera* → *Rebutia*
- *Brasilicactus* → *Parodia*
- *Chamaecereus* → *Echinopsis*
- *Dolichothele* → *Mammillaria*
- *Epiphyllopsis* → *Hatiora*
- *Eriocactus* → *Parodia*
- *Gymnocactus* → *Neolloydia*
- *Haseltonia* → *Cephalocereus*
- *Helianthocereus* → *Echinopsis*
- *Hildewintera* → *Cleistocactus*
- *Lobivia* → *Echinopsis*
- *Marniera* → *Epiphyllum*
- *Mediolobivia* → *Rebutia*
- *Neobuxbaumia* → *Carnegiea*
- *Neochilenia* → *Eriosyce*
- *Neoporteria* → *Eriosyce*
- *Notocactus* → *Parodia*
- *Phyllocactus* → *Epiphyllum*-Hybriden
- *Pseudolobivia* → *Echinopsis*
- *Pseudomammillaria* → *Mammillaria*
- *Reicheocactus* → *Echinopsis*
- *Rhipsalidopsis* → *Hatiora*
- *Setiechinopsis* → *Echinopsis*
- *Soehrensia* → *Echinopsis*
- *Stenocactus* → *Echinofossulocactus*
- *Sulcorebutia* → *Rebutia*
- *Trichocereus* → *Echinopsis*
- *Weingartia* → *Rebutia*
- *Zygocactus* → *Schlumbergera*

Aeonium-Arten 26
Ampeln 12, **13**
Anstauverfahren 20, 22
Aporocactus 12
Areolen **10**, 11, 25, 38, 39, 40, 50, 54, 55, 56
Ariocarpus scapharostrus **9**
Astrophytum 38*
– *asterias* 38*
– *capricorne* 38*, **38**
– *coahuilense* 38*
– *myriostigma* 38*, **38**
– *ornatum* 38*
– *senilis* 38*
Aussaat **28**
Axillen **10**, 11, 33, 40
Aylostera 54*
Aztekium ritteri **9**

Bakterien 31
Bananenkaktus 44
Bestäuben **29**
–, geeignete Arten 43
Beizen von Samen 28, 32
Bimskies 12, 22, 28
Bischofsmütze 38*, **38**
Blähton 22
Blattläuse 33, **33**
Blüte **9, 10, 11,** 29
Blumenfenster 12, 26
Bodenheizung 26, 28
Brasilicactus 36, 52*

Cactaceae 6
Cactus-Arten 6
Carnegiea 14
– *gigantea* 8, 10, **37**
Cephalium 11, 51
–, Pseudo- 38, 39

Cephalocereus 38*
– *hoppenstedtii* 38*
– *senilis* 8, 19, 25, 26, 38*, **39**
Cereus-Arten 8, 12, 14, 26, 27, 36
Chamaecereus silvestrii 44*
Cleistocactus 27, 39*
– *buchtienii* 39*, **39**
– *laniceps* 39*
– *straussii* 26, 39*
– *winteri* 12
Cochenille-Laus 8
Copiapoa 40*
– *cinerea* 40*
– *haseltonia* 40*
– *humilis* 40*
– *hypogea* 40*, **40**
– *krainziana* 40*
– *tenuissima* 40*
Coryphanta 40*, 41*
– *asterias* 41*
– *elephantidens* **40**, 41
– *palmeri* 41*
– *pseudechina* 41*
– *sulcata* 41*
Cuticula 6

Digitorebutia 54*
Disocactus-Arten 12, 19
Dolichothele 27, 50
Dornen 6, 9, 10, **11, 19,** 24, 26
-bild einer Areole **11**
– mit Widerhaken 11, 25
–, pektinate 42
Drainage 12, 25
Dünger 21
Düngung 20, 26, 27

Sach- und Pflanzenregister

Echeveria-Arten 26
Echinocactus 12, 27, 36, 41*
– grusonii 41*, **41**
– grusonii f. alba 41*, **41**
– horizonthalonius 41*
Echinocereus 27, 42*
– chloranthus **U2**
– delaetii 42*
– durangensis 43*
– fitchii 43*
–, grüne Formen 42*
– longisetus 42*
– moricalli 43*
– pailanus **42**
– rigidissimus 43*
– scheerii 43*
– triglochidiatus 43*
Echinofossulocactus 43*
– arrigens 43*, **43**
– penthacanthus 43*, **43**
Echinopsis 12, 27, 30, 44*
– bridgesii 30
– candicans 44*
– chamaecereus 44*, **44**
– famatimensis 45*
– fulvilana 44*
– jajoiana 45*
– maximiliana 45*, **45**
– mirabilis **8**
– mistiensis 45*
– pachanoi 39
– pasacana 30
– rebutioides 45*
– spachiana 30, 44*, **44**
– wrightiana 45*, **45**
Einwintern 12
Eisen 20
Epidermis 6, 32
Epiphyllum 12, 19

-Hybriden 12, 46*, **46**
Epiphyten 10, 12, 18*, 19*, 22*, 33, 49, 56
Epithelantha micromeris **9**
Eriocactus 53*
Eriocereus jusbertii 30
Eriosyce 46*
– ceratites 46*
– gerocephala 47*
– hankeana 46*
– mitis 46*
– multicolor 47*
– nidus 47*
– nigrihorrida 47*, **47**
– occulta 46*
– paucicostata 46*, **47**
– rapifera 47*
– senilis 47*
– subgibbosa 47*
– villosa 47*
Espostoa 26, 27, 47*
– lanata 47*
– melanostele 47*, **47**
– mirabilis 47*
Euphorbia-Arten 26

Fäulnis 24, 28, 30, 31
Ferocactus 12, 27, 48*
– glaucescens 48*
– histrix 48*, **48**
– latispinus 48*
– wislizenii 48*
Florfliegenlarve **33**
Frostschutz 12, 15, 18
Fruchtknoten **29**
Früchte 8, **21, 50**, 52

Gelbsticker 28
Gießen 20, 25, 26, 27, 29

Glochidien 25
Goldkugelkaktus 41*, **41**
Graptopetalum bellum 26
Greisenhaupt 8, 39* **39**
Griffel **29**
Guano 27
Gymnocactus 51*
Gymnocalycium 32, 48*
– andreae 49*
– Baldianum-Hybride 49*
– bruchii 49*
– denudatum 49*
-Hybride **49**
– mihanovichii 'Hibotan' **32**, 49*
– multiflorum 49*
– quehlianum 49*
– uruquayense 49*, **49**

Haare 6, 11, 39, 46
Hatiora 49*
– gaertneri 49*, **49**
-Hybriden 49*
– rosea 49*
– salicornioides 49*
Heliocereus 46*
Hildewintera aurespina 12
Hybriden 29
Hydrokultur 22
Hylocereus 22, 30, 57

Kakteen
–, Artenschutz der 7, 14
-Beet 26, 27
-Begeisterung 6
–, Benennung der 36

–, Blatt- 12, 18, 22, 26, 46, 49, 56
-Erde s. Substrat
-Fachliteratur 6, 7, 62
–, Feigen- 6
-gesellschaften 6, 28, 62
-Gesundheit 14
–, Heimat der 6
–, illegaler Handel mit 7
–, Import von 7, 14, 57
– in Ampeln 12, **13, 21**, 49, 56
– in Kübeln 12, 39, 44, 46, 48
– in Schalen 2, 26, **27**, 43
–, Kauf von 14
-Körper **10**
–, Korallen- 12
–, Kugel- 6, 10, 11, 36
–, Laub- 6
–, Mond- 36
–, Pflege der 18, 19
–, Riesen- 10
–, Säulen- 6, 8, 11, 14, 26, 36, **37**
-Sammlung 27
–, Schlangen- 12, 56
–, Standort der 11
–, Transport der 14, 15
–, Warzen- 50
–, Weihnachts- 12, 19*
–, Wüsten- 26
Kalium 20
Kalkablagerungen 24
Kiesel 25
Kleistogamie 29
Königin der Nacht 8, 36, 57*, **57**
Korkbildung 14
Krankheiten 32

Register

Lamellen 6
Lampen 22
Lavagrus 22
Lavalit 12
Leitbündel **10**, 11, **30**, 31
Licht 11, 18
–, künstliches 22
Lobivia 27, 36, 45*
Lophophora 32
Luftfeuchtigkeit 18, 32, 33

Mangan 20
Mammillaria **10**, 27, 50*
– *bocasana* 25
– *carmenae* 50*
– *goldii* 50*
– *longimamma* 50*
– *melaleuca* 51*
– *perezdelarosa* 50*, **50**
– *saboe* 50*
– *theresae* 50*
– *yaquensis* 50*, **50**
– *zephyranthoides* 51*
Mammillarien 25, 50*
Marniera chrysocardium 12, 19
Mediolobivia 54*
Melocactus 6, 19, 51*
– *uebelmannianus* 51*, **51**
Melonenkaktus 6
Moos 24

Narbe 29
Nebeln 20
Neobuxbaumia 36
Neochilenia 46*

Neolloydia 51*
– *beguini* **U1**
– *conoidea* var. *grandiflora* 51*, **51**
– *matehualensis* 51*
Neoporteria 47*
Nomenklatur 36
Nopalxochia 19
Normanbokea 51*
Notocactus 27, 53*

Opuntia 8, 12, 52*
– *azurea* 52*
– *bigelowii* **7**
– *hystricina* var. *bensonii* 52*, **52**
– *microdasys* 52*
– *scheerii* 52*
Oreocereus-Arten 26
Opuntien 6, 25, 28, 52*

Parodia 27, 52*
– *chrysacanthion* 52*
– *concinna* 53*
– *graessneri* 52*
– *haselbergii* 52*, **53**
– *maassii* 52*
– *magnifica* 53*, **53**
– *mutabilis* 52*
– *sanguiniflora* 52*, **53**
Pelecyphora aselliformis **9**
Pereskia 30
Pfropfung
–, Grundregeln der 30
–, Not- 30
–, Sämlings- **30**, 31
–, Umkehr- 30
Pflege 18, 19, 28
-fehler 32

Phosphor 20, 21
Photosynthese 6, 20, 22
pH-Wert 20
Phyllocactus 46*
Pikieren **29**
Pilzbefall 14, 28, 31, **32**, 33
Pseudocephalium 38, 39
Pseudolobivia 45*
Pseudomammillaria 50

Rapicactus 51*
Rebutia 54*, 55*
– *aureiflora* 55*
– *cumingii* 55*
– *deminuta* 54*
– *fabrizii* 55*, **55**
– *heliosa* 54*, **55**
– *neumanniana* 55*
-Hybride **54**
– *lanata* 55*
– *longigibba* 55*, **55**
– *marsoneri* 54*
– *muscula* 54*
– *neocumingii* 55*
– *pseudodeminuta* 54*
– *rauschii* 55*
– *ritteri* 55*
– *senilis* 54*
– *steinbachii* **54**, 55*
– *violaciflora* 54*
Recurvatae 40*
Regenschutz 12
Rhipsalidopsis 12
Rhipsalis 19*
– *pilocarpa* **21**
Rotfärbung 12, 33
Ruhezeit 14

Saguarokaktus 8, **37**
Sämlinge 28, 29, 30, 32
Samen 28
Sand 22, 28
Schädlinge 32
Schalen **2**, **19**, 26
Schattieren 12, 18
Schildläuse 33, **33**
Schlumbergera-Hybriden 11, 19, 56*, **56**
Schmierläuse 14, 24
Seesternkaktus 38*
Selenicereus 19*, 22, 36, 46*, 56*
– *grandiflorus* 8, **56**, 57*
– *macdonaldiae* 57*
– *pteranthus* 57*
Soehrensia 27
Sonnen
-brand 18
-einstrahlung 6, 12
–, Schutz vor 11, 12, 18, 29
Spannungsrisse 32, **32**
Spinnmilbe 14
–, Rote 32, **32**, 42
Sprosse **10**, 11, 18, 19, 30, 31, 49
–, Vermehrung durch 31
Sprühen 20, 29, 31, 32
Spurenelemente 20
Stacheln 11
Stapelia-Arten 26
Staubblätter **29**
Staunässe 20, 26
Stecklinge 30, **31**
–, Vermehrung durch 31
Stickstoff 20
Styropor 22, 24, 28

Paradiesisch leben.
Mit GU.

Ob kleines Usambaraveilchen, riesige Palme oder edler Rosenstrauch – so richtig grünt und blüht es im Zimmer, auf dem Balkon und im Garten nur dann, wenn Sie auch die Ansprüche Ihrer Pflanzen kennen.

Das nötige Wissen über Kauf, Pflanzung und Pflege vermitteln die

- GU Ratgeber Zimmerpflanzen
- GU Ratgeber Balkon und Terrasse
- GU Ratgeber Garten.

3-7742-2166-9

Änderungen und Irrtum vorbehalten.

3-7742-2668-7

3-7742-2656-3

3-7742-2141-3

3-7742-2643-1

Mehr draus machen Mit Gräfe und Unzer

Substrat 12, 18, 20, 22, 24, 25, 26, 27, 28, 32, 33
Sukkulenten 6, 26
-sammlung 6
Sulcolanatae 40*
Sulcorebutia 55*

Tacitus bellus 26
Temperatur
-während der Winterruhe 18, 19, 20
–, Keim- 28
Teufelszunge 48*
Thelocactus 57*
– *bicolor* 57*, **57**
– *heterochromus* 57*
– *hexaedrophorus* 57*
– *lophothele* 57*
– *rinconensis* 57*
– *schwarzii* 57*
Tierfraß
–, Schutz vor 11
Töpfe
– aus Ton 20, 24, 31
– aus Plastik 20, 24, 28
Torf 28
Trauermücken 28
Trichocereus 44*
Turbinicarpus 51*

Uebelmannia 57*
– *pectinifera* 57*, **57**
Umtopfen **24**, 26
Unterlagen 30, 31
Urlaub
–, Kakteenpflege im 22

Verdunstung 6, 11
Verjüngung alter Kakteen 31
Verletzungen
– durch Dornen 25
Vermehrung
– durch Aussaat **28**
–, Pilzbefall bei der 32, **32**
–, Vegetative **30**, **31**

Wachsüberzug 6
Warzen 6, 10, 50
Washingtoner Artenschutzabkommen 7
Wasser
-härte 20
-speicher 10
Weingartia 36, 55*
Winter
-garten 26
-ruhe 18, 19, 20
Wollläuse 33, **33**
Wolle 11, 25, 40, 41, 50
Wuchsformen 26, 27
Wundstellen behandeln 30, 31, 32
Wurzelballen 24, 25, 29
Wurzelechte Kultur 30, 39
Wurzelhals 33
–, empfindlicher 25, 39, 51
Wurzelläuse 24, 33, **33**
Wurzeln 6, **10**
–, flache 10
–, Luft- 10, 56
–, Rüben- 10, 51
–, Verlust der 14

Literatur, die weiterhilft
(falls nicht im Buchhandel, dann in Bibliotheken erhältlich)
Haage, W.: *Kakteen von A-Z.* Quelle & Meyer, Heidelberg
Heitz, H.: *Zimmerpflanzen. So grünen und blühen sie am schönsten.* Gräfe und Unzer, München
Margraf, K.: *Kranke Pflanzen gesund pflegen.* Gräfe und Unzer, München
Opitz, K.-H.: *Hydrokultur – die einfache Pflanzenpflege.* Gräfe und Unzer, München.

Zeitschriften
FLORA.
 Gruner + Jahr AG & Co.,
 Postfach 110011
 20444 Hamburg
Kraut und Rüben.
 BLV Verlagsgesellschaft mbH,
 Lothstraße 29,
 80797 München
mein schöner Garten.
 Burda Senator Verlag GmbH,
 Postfach 1520
 77605 Offenburg

Hinweis: Ein bewährtes Beizmittel für Kakteensamen enthält als Wirkstoff das Fungizid Thiram.

Dank
Der Verlag dankt den Firmen Demmel in Seeshaupt und Dehner in Peißenberg für die freundliche Unterstützung.

Adressen
Deutsche Kakteen-Gesellschaft e.V.
DKG Geschäftsstelle:
Gretel Rothe
Betzenriedweg 44
D-72800 Eningen
unter Achalm

Gesellschaft Österreichischer Kakteenfreunde GÖK
Präsident:
Karl Augustin
Siedlung 4
A-2454 Trautmannsdorf

Schweizerische Kakteengesellschaft SKG
Präsident:
Hansruedi Fehlmann
Alte Dübendorfer Str. 12
CH-8305 Dietlikon